最强大脑PK

聪明孩子的思维游戏 高阶

杜佩华 著

文心出版社
·郑州·

图书在版编目(CIP)数据

最强大脑PK : 聪明孩子的思维游戏. 高阶 / 杜佩华著. — 郑州 : 文心出版社, 2023.5
ISBN 978-7-5510-2795-3

Ⅰ. ①最… Ⅱ. ①杜… Ⅲ. ①智力游戏 Ⅳ. ①G898.2

中国国家版本馆CIP数据核字(2023)第087598号

出版社：文心出版社

（地址：郑州市郑东新区祥盛街27号　邮政编码：450016）

发行单位：全国新华书店

承印单位：新乡市龙泉印务有限公司

开本：880毫米×1230毫米　　1/32

印张：8

字数：200千字

版次：2023年5月第1版

印次：2023年5月第1次印刷

书号：ISBN 978-7-5510-2795-3

定价：42.80元（全2册）

如发现印装质量问题，请与印刷厂联系　　电话：17364608608

目录

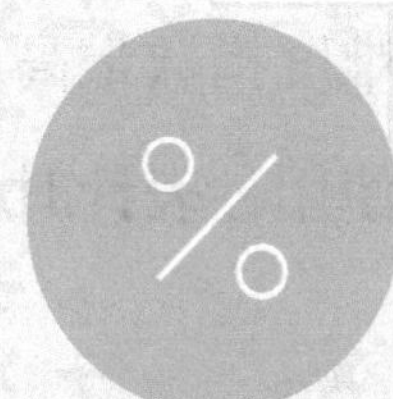

大脑的使用方法

大脑跟人的身体一样，需要不断地锻炼，才能保持灵活。本书设计了 100 道极富挑战性的数学谜题，题型千变万化，挑战你的脑力极限。

一开始就做太复杂的数学谜题实在是耗费脑力，建议先完成对称绘画和记忆训练两个活动，让大脑热热身。

大脑启动

- 若大脑已有充分准备，便可挑战最强大脑 PK 中的数学谜题。
- 谜题按难度指数分为 5 级，5 颗 表示难度指数最高。
- 标明完成谜题的时限，建议答题时使用秒表计时，挑战自我。
- 作答时除了要看图，还要仔细阅读 内的问题。
- 完成题目后请核对参考答案，若做题时不知从何下手，可看看答案中的大脑笔记，帮助思考。

对称绘画

工具：两支笔

什么是“对称”？这就好像把一个图形分成两半，其中一半和另一半一模一样。右面的图形就是一个对称图形。

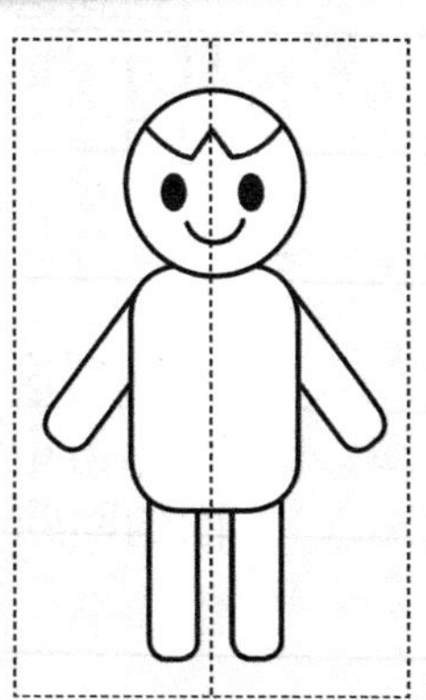

现在请你左、右手分别拿起一支笔，尝试在下面的空白处随意画一些对称的图形。起初可能画得不太顺畅，但你的手脑会渐渐适应，你会越画越好！

这个练习能让你的身体和大脑协调，手、眼和大脑更加灵活！

记忆训练

工具：秒表

请翻到这本书的第 7 页，然后用秒表计时 10 秒，同时尽力记忆这一页的内容。时间到了之后，请回答下面的问题。
俊俊戴着什么颜色的帽子？

请翻到这本书的第 54 页，然后用秒表计时 30 秒，同时尽力记忆这一页的内容。时间到了之后，请回答下面的问题。
请说出任意 5 个脚印上写着的数字。

请翻到这本书的第 67 页，然后用秒表计时 10 秒，同时尽力记忆这一页的内容。时间到了之后，请回答下面的问题。
紫色环柱体上写着哪几个数字？

请翻到这本书的第 87 页，然后用秒表计时 20 秒，同时尽力记忆这一页的内容。时间到了之后，请回答下面的问题。
咖色方格中有哪几个数字？

请翻到这本书的第 94 页，然后用秒表计时 20 秒，同时尽力记忆这一页的内容。时间到了之后，请回答下面的问题。
这一页共有多少只企鹅把两只眼睛都睁开了？

这些练习能提升我们的观察力以及集中注意力的能力！

答案：1.蓝色　2.见第54页　3.5　4.1、2、3、5　5.4只

最强大脑PK
100道数学谜题

1 难度指数: 限时:  秒

观察上面 8 幅车轮图的规律，哪一幅与其他的不相同？

2　难度指数：　限时：

分钟

2

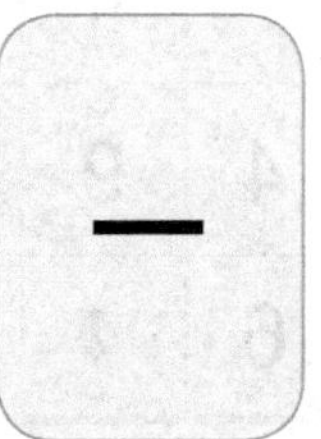

这是分数线。

用上面的 4 张卡片最多可以组成多少个不同的分数？（每个分数都必须包括这 3 个数字）

3 难度指数: 限时:  秒

5	4	6	4	7	4	5
4	3		2	4	1	4
6	4	6	9	6	4	
4	2	9	5	8	2	4
	4	6	8	7	4	6
4	1	4		4	9	4
5	4	6	4	6	4	9

观察上图中的数字排列，你知道4种蔬菜分别代表哪一个数字吗？

4 难度指数： 限时：01 分钟

下面 3 个菱形是由 16 根牙签拼成的。

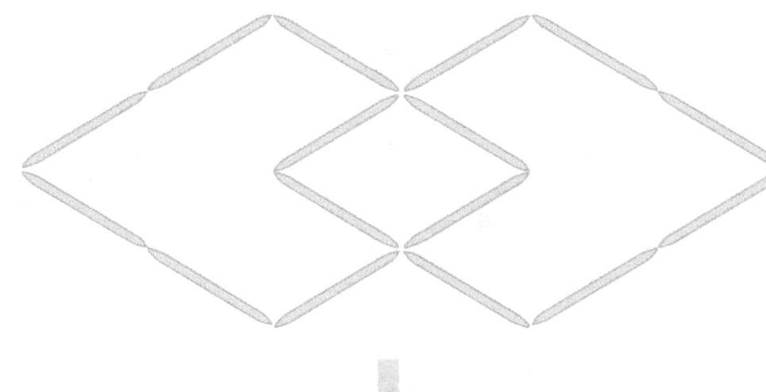

??

变为 6 个

现在要移动 4 根牙签，
使菱形的数量变为 6 个，
你知道应怎样移动吗？
（牙签不可以重叠）

5　难度指数：　限时：01 分钟

如果要将上面卡纸上的黑点连成等边三角形，你知道能连多少个三角形吗？

6 难度指数: 限时:  秒

俊俊和表妹都是家中的独生子女，两人只有表兄弟、表姐妹。

根据俊俊表妹的话，你知道俊俊的表姐妹比表兄弟少几人吗？

7

难度指数：

限时：01 分钟

一块长方形土地的长和宽分别是 125 米和 90 米。机器人要在土地的各边放上雪糕筒，相邻雪糕筒之间相距 5 米，现在它已在每个角放了一个雪糕筒。

你知道机器人最后一共放了多少个雪糕筒吗？

8　难度指数：　限时：01 分钟

家里有一个每次最多只能烤 2 个饼的烤箱，且烤好饼的一面需要 1 分钟。

如果烤 5 个饼，且要求饼的两面都烤好，最少需要多少分钟？

9 难度指数： 限时： 02 分钟

乐乐把透明卡通贴纸贴在瓷砖上装饰厨房，后来他发现瓷砖上的贴纸有一个特点。下面展示的是已完成的一部分。

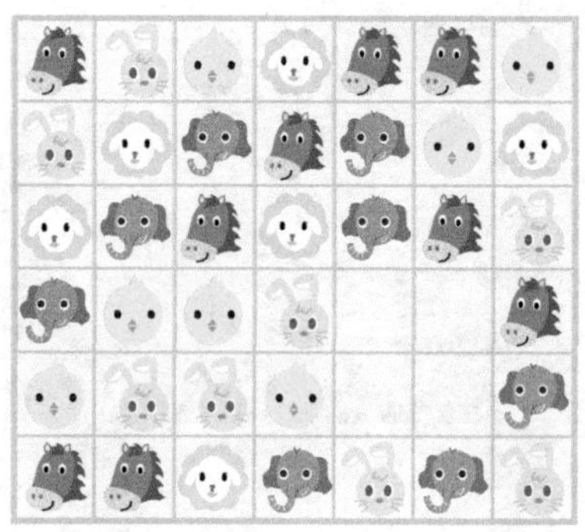

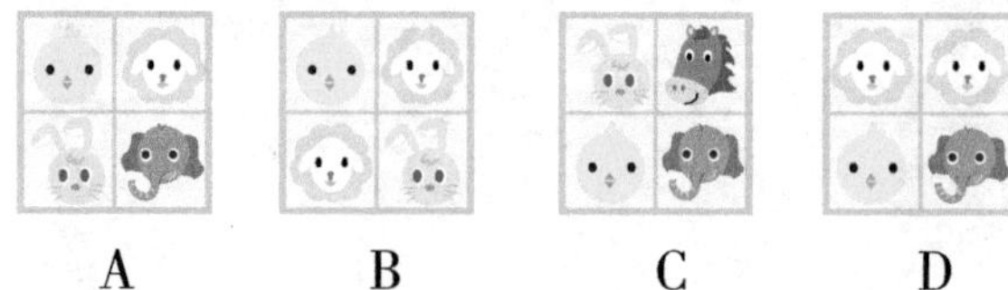

根据已完成的部分，你能推测出A至D中哪一幅图是余下的部分吗？

10

难度指数：　限时：

分钟

乐乐在白板上写了下面 4 道算式。

$6 \times 2 = 1$

$9 \times 4 = 3$

$12 \times 6 = 6$

$15 \times 8 = 10$

这些算式看似不成立，但乐乐却有合理的解释。你知道他是怎么解释的吗？

11 难度指数： 限时：02 分钟

板报上原本有 9 幅有规律的花儿图，但右下角那一幅缺失了。

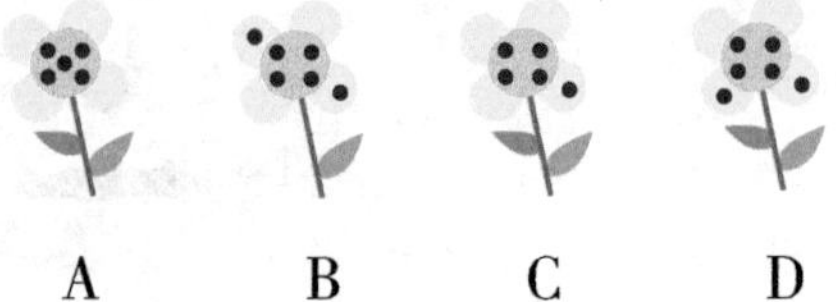

A B C D

你知道 A 至 D 中哪一幅是缺失的花儿图吗？

12　难度指数：　限时：02 分钟

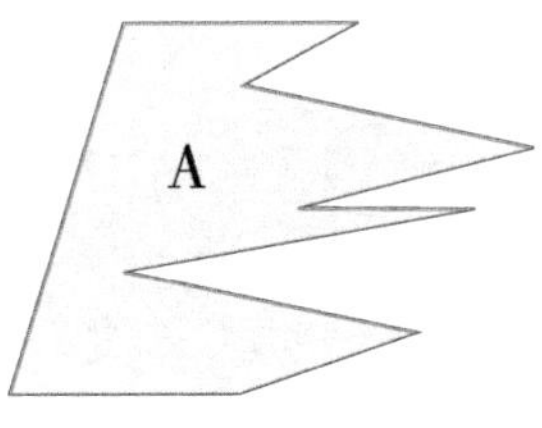

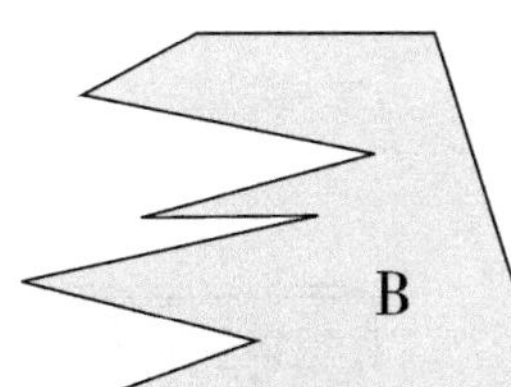

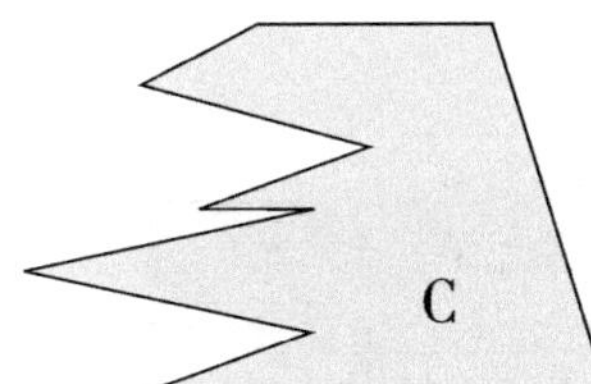

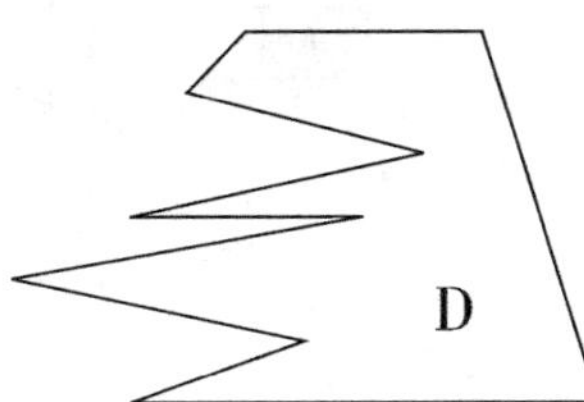

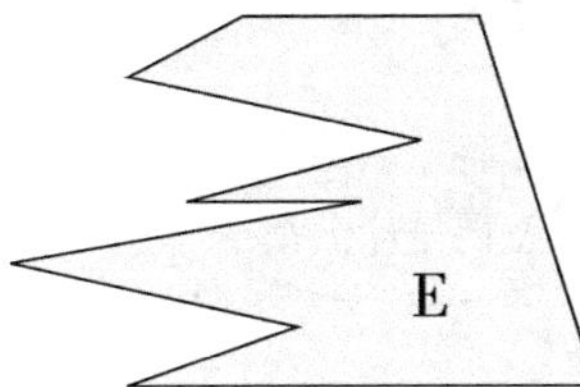

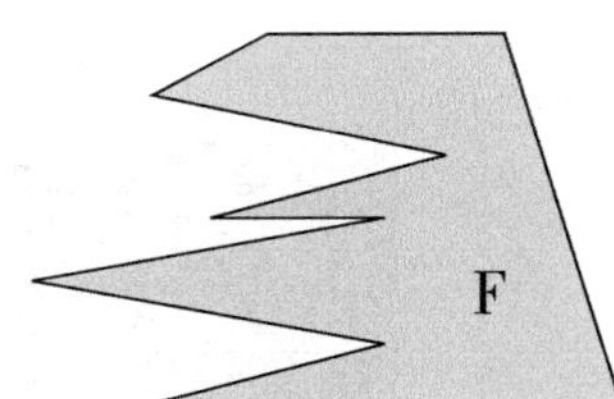

图形 B 至 F 中，哪一个图形能够和图形 A 拼成一个梯形？（图形不可以重叠）

13　难度指数：■■■■■　限时：02 分钟

李明要进入城堡，必须通过 3 道围墙，而打开每道围墙都需要密码，这些密码都有相同的规律。

他已通过前两道围墙，你能够帮他找出余下一道围墙的密码吗？

14

难度指数：限时：02 分钟

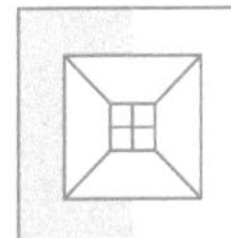

Ⅰ

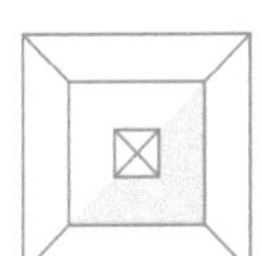

Ⅱ

A

B

C

D

E

F

如果图Ⅰ对应图A，那么与图Ⅱ对应的是B至F中哪一幅图？

15　难度指数：　限时：分钟

摄影师用放大镜看了一些照片。

A　B　C

D　E　F

上面哪两张图片来自同一张照片?

16

难度指数：

限时：

分钟

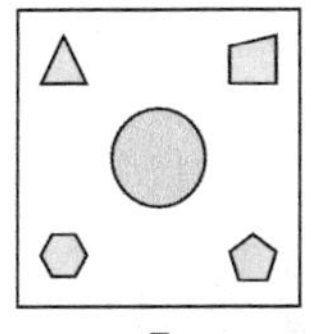

Ⅰ

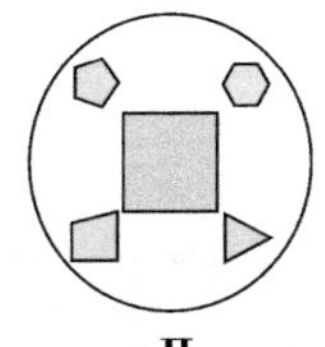

Ⅱ

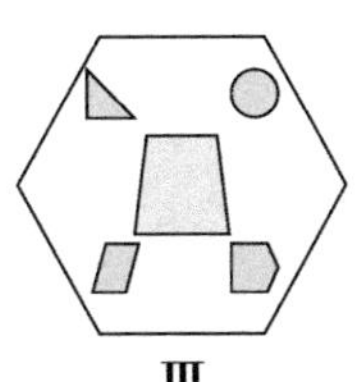

Ⅲ

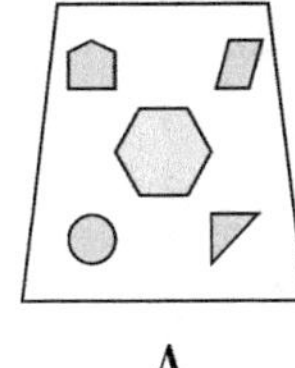

A

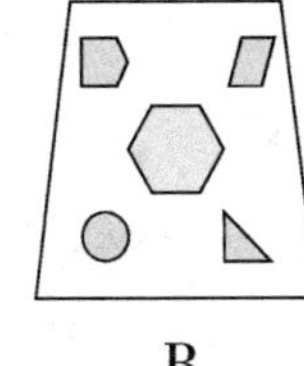

B

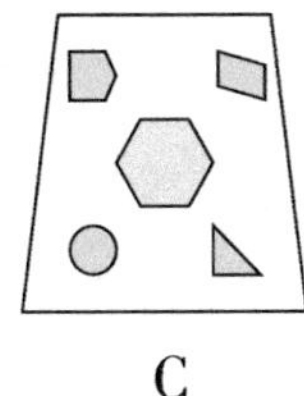

C

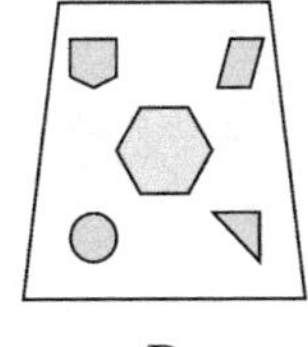

D

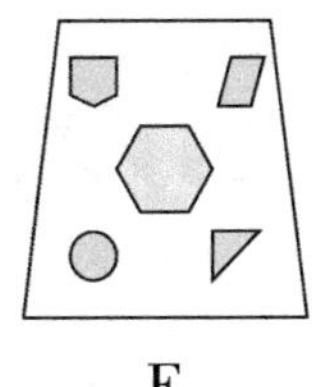

E

如果图Ⅰ对应图Ⅱ，那么与图Ⅲ对应的是A至E中哪一幅图？

17 难度指数： 限时：  01 分钟

游戏室里有4面墙壁，每面墙壁最多可放10把椅子。

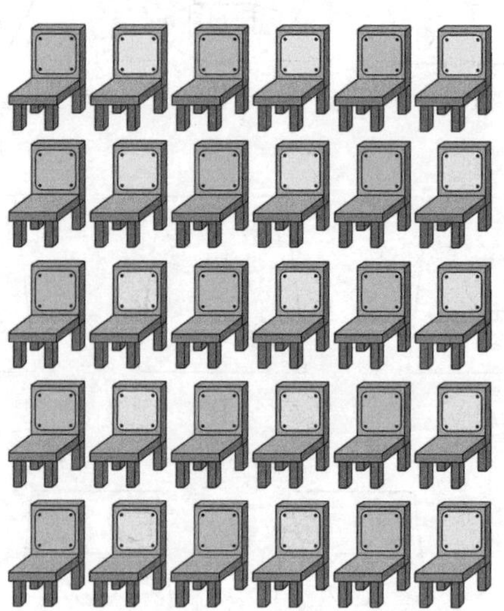

如果要把上面的椅子的椅背靠着4面墙壁摆放，使每面墙壁的椅子数量相同，但不可以叠起来，还要有足够的空间让人坐下，你知道应怎样摆放吗？

18 难度指数: 限时: 02 分钟

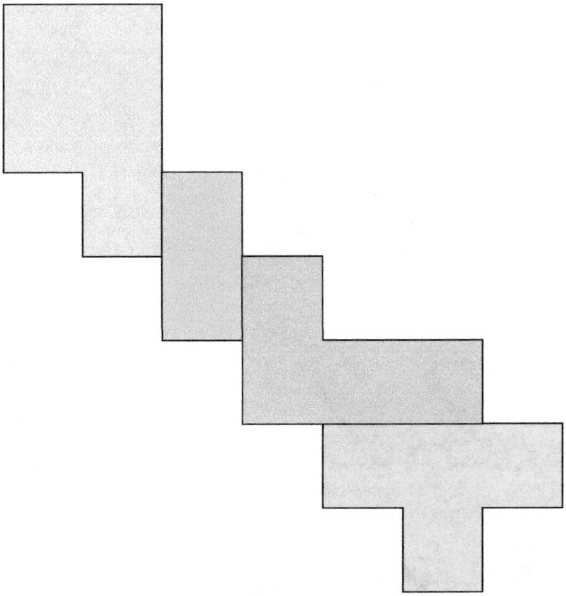

如果要用上面 4 个图形拼正方形，你知道应该怎样拼吗？总共可以拼多少个正方形？（图形不可以重叠）

19　难度指数：　限时：

分钟

用 8 个 2 可以组成一道结果是 2 的算式，当中要包括 +、−、× 和 ÷ 至少各 1 个，且不可以使用其他符号。

2 2 2

2 2 = 2

2 2 2

你能把想到的算式写出来吗？

20　难度指数：　限时：

分钟

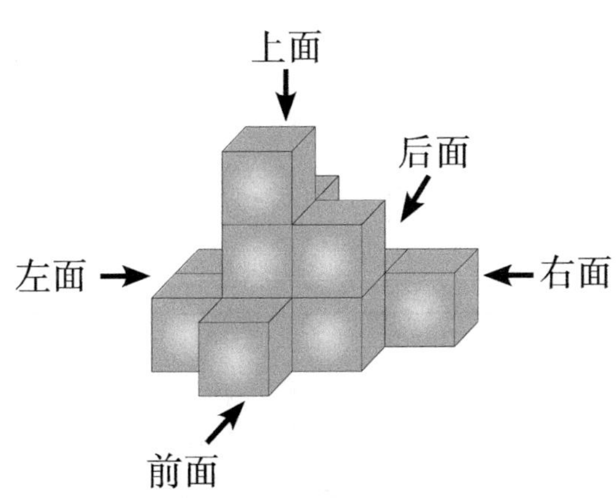

乐乐从不同角度观察上面的立体图形，其中从后面看到的平面图如下：

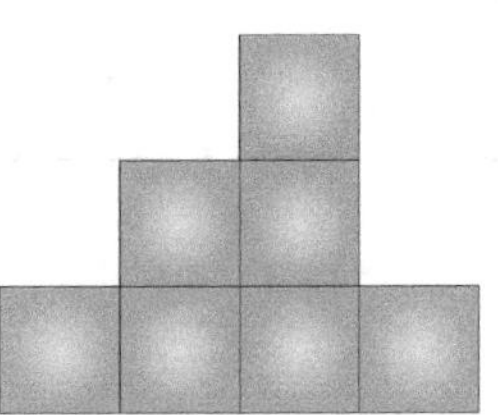

你知道从前面、上面、左面和右面看到的平面图是怎样的吗？

21 难度指数：■■□□□ 限时： 02 分钟

下面的卡纸上有 4 个点。

如果要把这 4 个点连成一个正方形，你知道应该怎样做吗？

22　难度指数：　限时：02 分钟

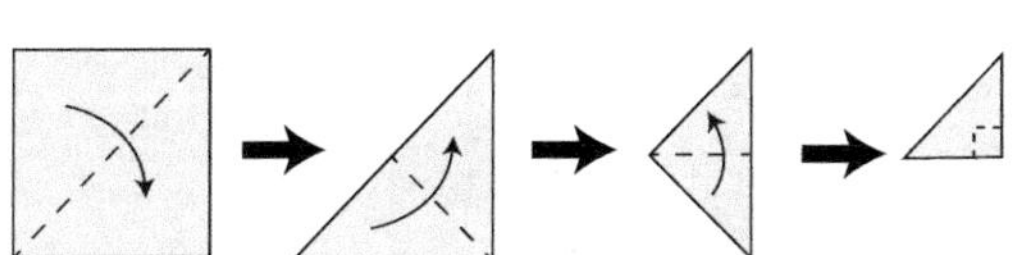

我把一张手工纸对折3次后，再剪去一个正方形，余下的手工纸打开后是一个有趣的图形！

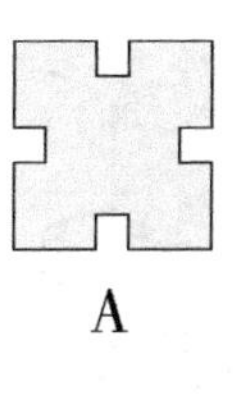
A

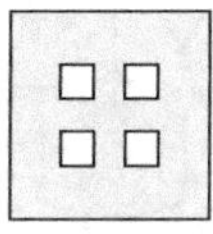
B

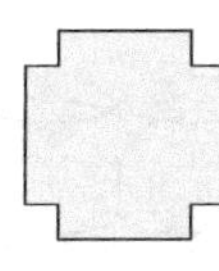
C

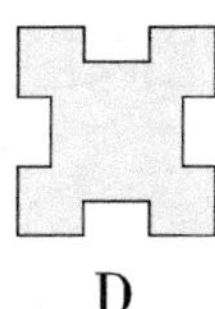
D

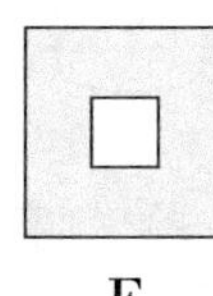
E

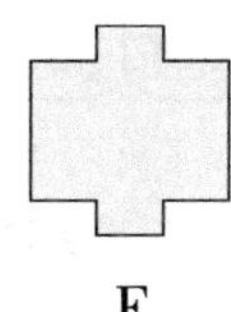
F

你知道A至F中哪一个是老鼠说的有趣的图形吗？

23 难度指数: 限时:  分钟

下面是由大小相同的圆柱形积木堆砌而成的。

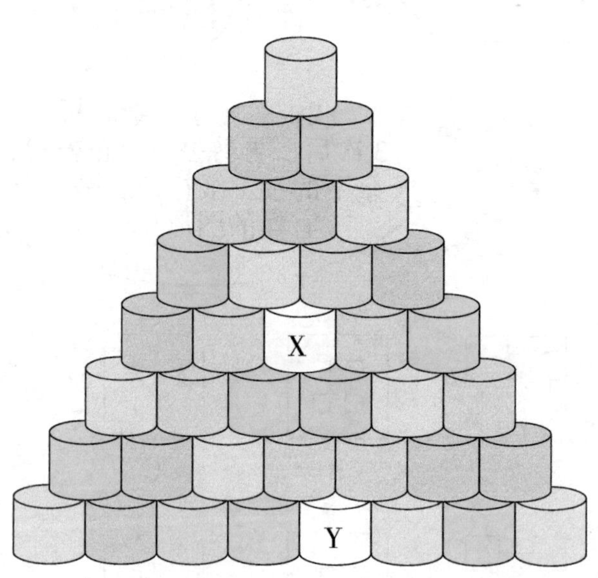

绿? 紫? 橙? 蓝?

观察这些积木的颜色规律,你能推测出积木 X 和积木 Y 分别是什么颜色吗?

24 难度指数：

限时：

分钟

下面有 8 张纸条。

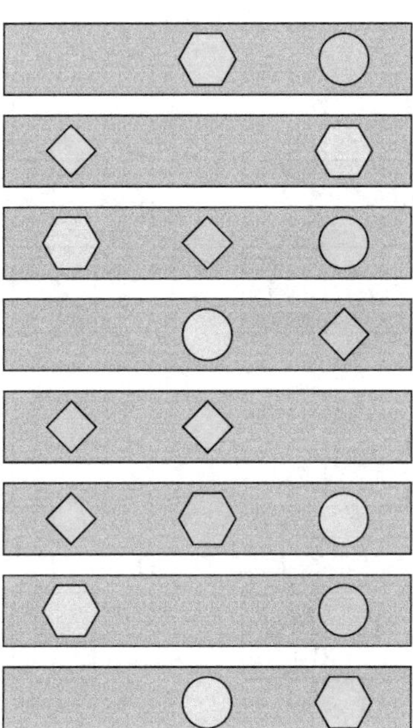

如果要使每一竖行内的各种图形数量都相同，最少要把多少张纸条左右翻转？

25

难度指数：　限时：

分钟

A

2

24　46

35　57　13

B

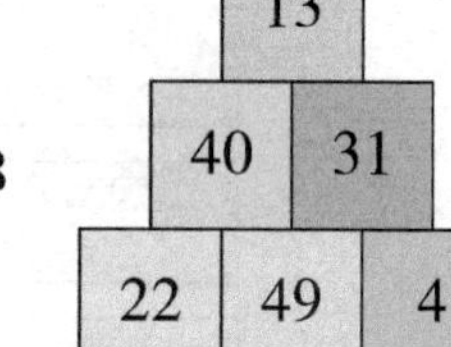

C

24

13　10

7　16　19

D

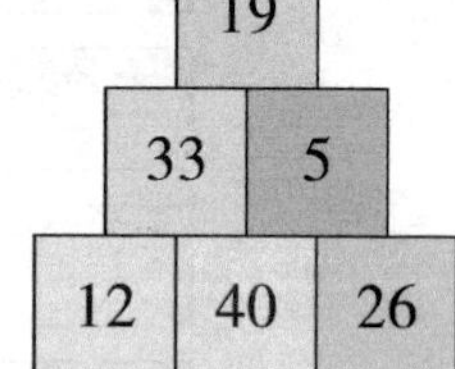

观察上面各图中数字的规律，哪一幅图与其他的不相同？

26 难度指数: 限时: 01 分钟

$$\frac{1}{10}=0.1 \qquad \frac{1}{10}+\frac{1}{100}=0.11$$

$$\frac{1}{100}=0.01 \qquad \frac{1}{100}+\frac{1}{1\,000}=0.011$$

$$\frac{1}{1\,000}=0.001 \qquad \frac{1}{1\,000}+\frac{1}{10\,000}=0.0011$$

$$\frac{1}{10\,000}=0.0001$$

$$\vdots \qquad \vdots$$

$$\frac{1}{100\,000}+\frac{1}{1\,000\,000}+\frac{1}{10\,000\,000}+\frac{1}{100\,000\,000}$$

观察框内算式的规律，你能够推断出上面这道算式等于多少吗？

27　难度指数：　限时：  分钟

下面是由 6 张数字卡排成的六位数。

5	6	4	9	2	3

按照排列条件，把这些数字卡重新排列，新六位数的数值增加了。

排列条件：
- 黄色卡排在一起
- 最左边和最右边的数字都是单数
- 没有连续2个数字是倍数关系

这个新六位数是多少？

28 难度指数： 限时：02 分钟

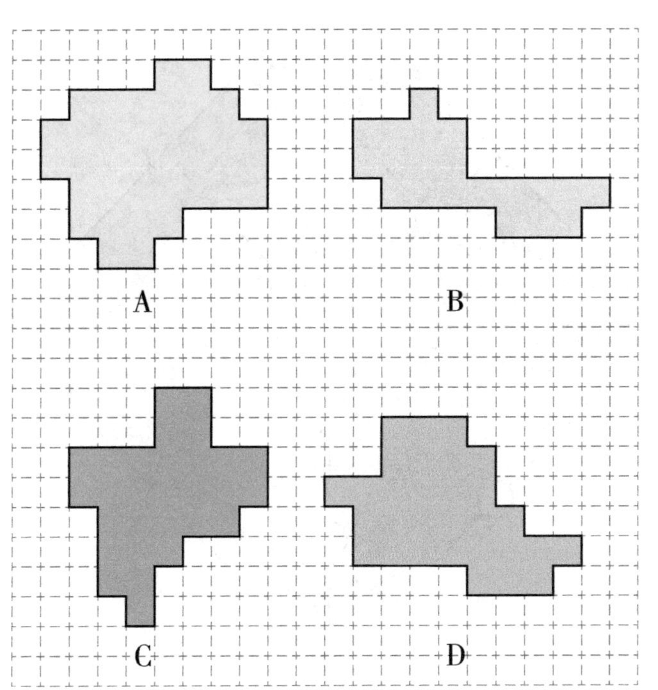

上图中，哪一个图形所占格子数与其他的不相同？

29 难度指数：■■■■■ 限时：02 分钟

2

2

6

4

2

如果要把2、4或6填在上图中的圆圈内，使每条直线上都有这3个数字，你知道应该怎样填吗？

30　难度指数：　限时：分钟

观察下面两幅图。

你能够找出哪些不同之处？

31

难度指数：

限时： 04 分钟

这两道算式在一般情况下是不成立的，小博士却认为是成立的。

9 - 5 = 8 - 6

4 - 1 = 8 - 3

4=2?
3=5?

A 9 - 4 = 4 - 2

B 2 - 0 = 6 - 3

C 6 - 0 = 3 - 3

D 8 - 5 = 7 - 1

E 9 - 7 = 5 - 1

上面每个数字都是由小棒摆成的。根据小博士的看法，A 至 E 中哪些算式是成立的？

32 难度指数： 限时：

分钟

欣欣把 18 个橙子装在 3 个袋子里，3 个袋子中分别有 4 个、8 个和 10 个橙子。

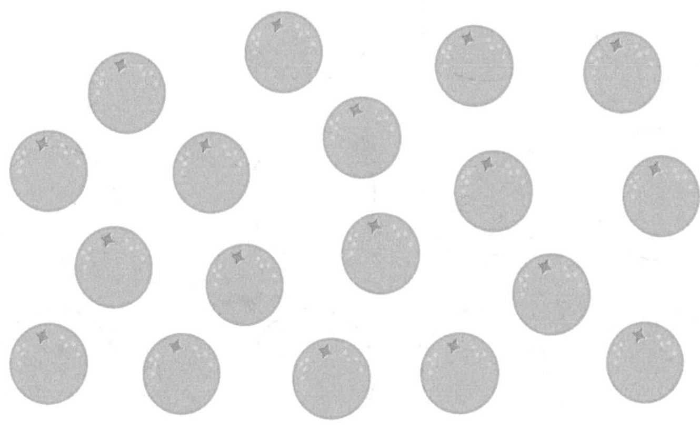

$$4 + 8 + 10 = 22$$

欣欣的弟弟计算出 3 个袋子中共有 22 个橙子，他的计算是正确的，但与欣欣装的橙子总数量不相同。你知道这是为什么吗？

33 难度指数: 限时:  03 分钟

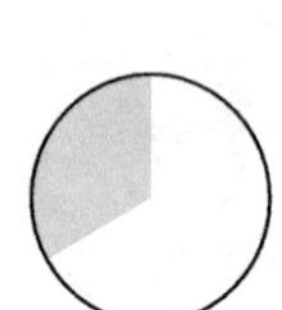 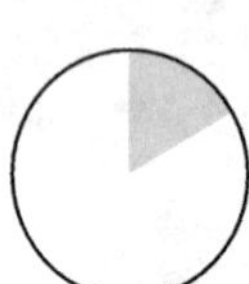 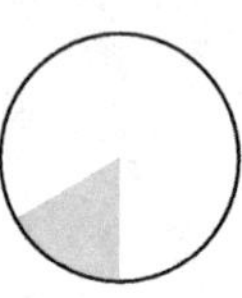

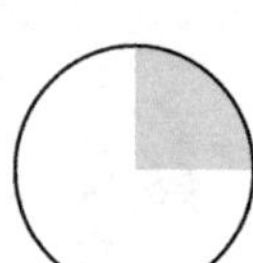 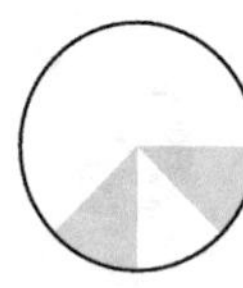 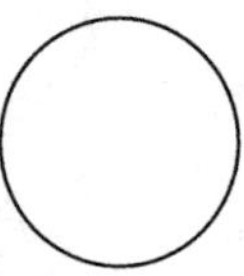

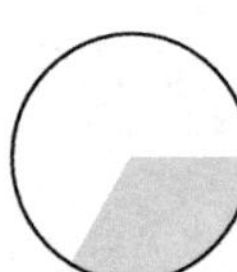 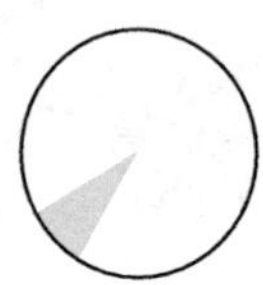 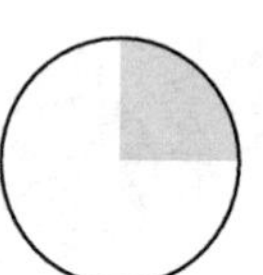

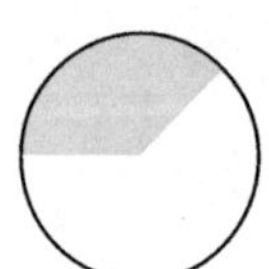 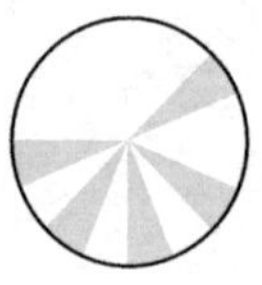 

A

B

C 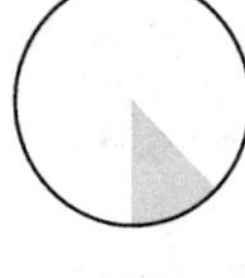

D 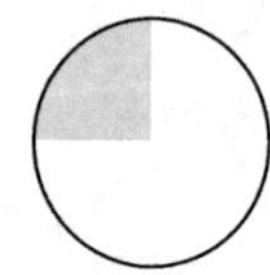

观察左图,“?”应是A至D中哪一个图形?

34　难度指数：　限时：04 分钟

乐乐和欣欣玩棋子游戏，两人轮流掷 3 次骰子，骰子的点数即棋子前进的格数。如果掷完 3 次骰子，棋子刚好能离开棋子板，就可以得到奖品。乐乐最后掷出 3 点，可以得到奖品，下面是他的棋子前进情况。

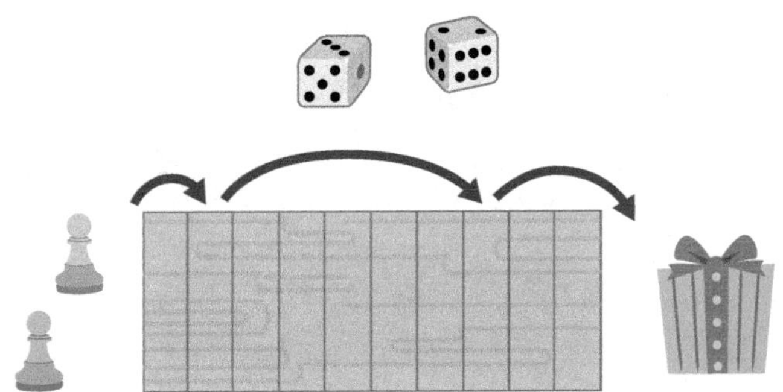

如果两人每次掷骰子的点数都相差 1，欣欣有可能得到奖品吗？为什么？

35 难度指数：

限时：

分钟

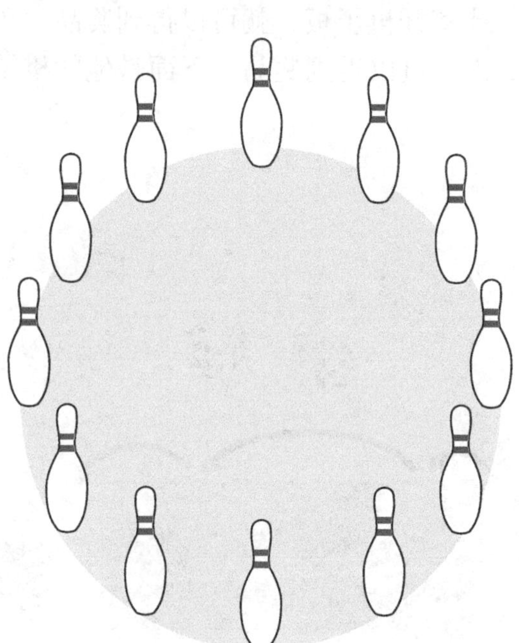

如果要把上面12个保龄球瓶排成6行，每行有4个，你知道应该怎样排吗？

36 难度指数： 限时：

分钟

▲	×	◆	−	5	=	25
÷		−		+		
⬟	−	1	+	⬢	=	10
+		−		×		
2	×	★	×	5	=	40
=		=		=		
5		●		50		

应从哪一道算式开始计算？

如果要使上图中竖行和横行的每一道算式都成立，则上图中的▲、◆、⬟、⬢、★和●分别代表哪一个数字？

37 难度指数：

限时：

分钟

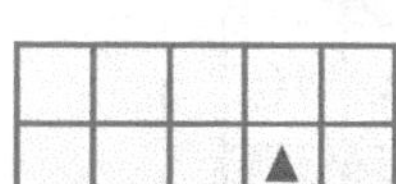

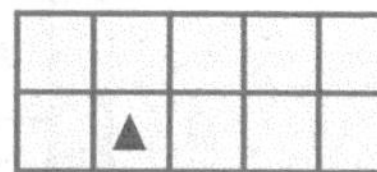

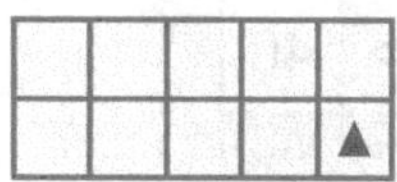

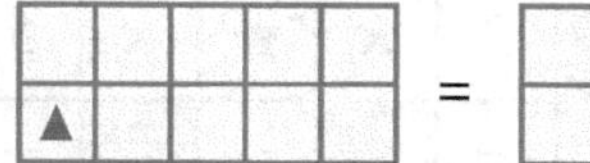

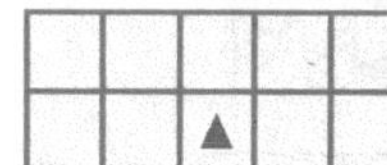

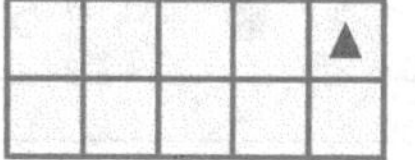

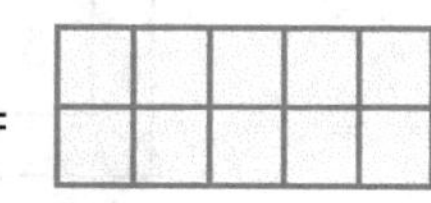

图 I

观察上面方格中▲的位置变化，你能推测出图 I 中的▲应该在哪一格吗？

38 难度指数: 限时:  03 分钟

A B C D E

观察上面各图形的关系，两个"?"分别是A至E中哪一个图形?

39 难度指数：

限时： 03 分钟

兔妈妈有一包 50 g 的盐，她要用 11 g 盐做曲奇饼干，但只有下面的一个天平和 4 个砝码。

她怎样称才能称量次数最少，而且用上全部砝码？

40　难度指数：　限时：

分钟

淇淇画了 4 幅双色苹果图，它们都有共同的特征。下面是其中 3 幅。

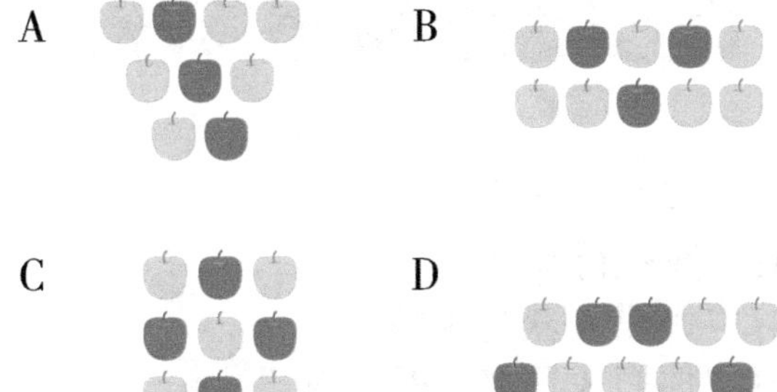

你知道 A 至 D 中哪一幅是余下那幅双色苹果图吗？

41 难度指数： 限时：03 分钟

4 只狐狸在运动会中参加了不同的项目，其中只有 1 只获得了金牌，其余 3 只均获得了银牌。

狐狸 A：“我获得金牌。”
狐狸 B：“我获得银牌。”
狐狸 C：“狐狸 A 获得银牌。”
狐狸 D：“你们 3 只都获得银牌。”

在这 4 只狐狸中，只有 1 只狐狸没有说谎。你知道是哪一只狐狸获得了金牌吗？

42 难度指数: 限时: 02 分钟

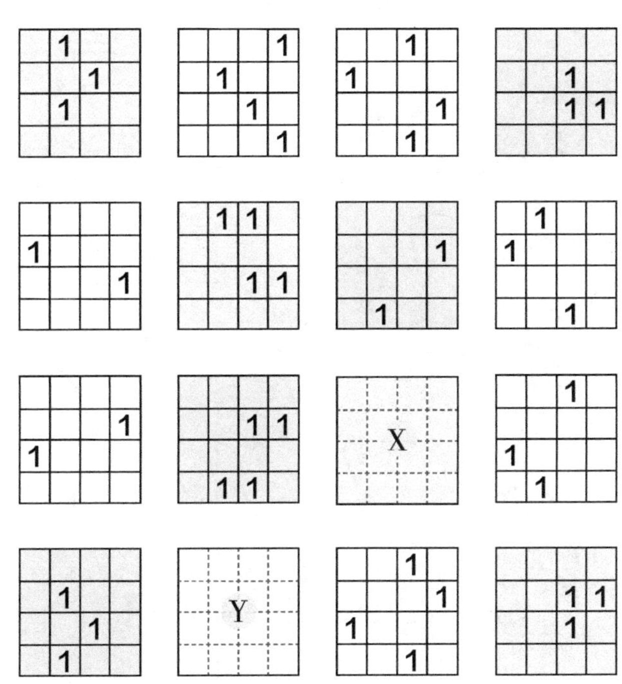

观察上图中“1”排列的规律，你能推测出正方形X和正方形Y中的“1”分别在哪些位置吗?

43 难度指数：

限时：04 分钟

俊俊把下图中同类物品沿绿色线连起来，要求每条路线不能碰到其他物品，且没有出现交叉点。

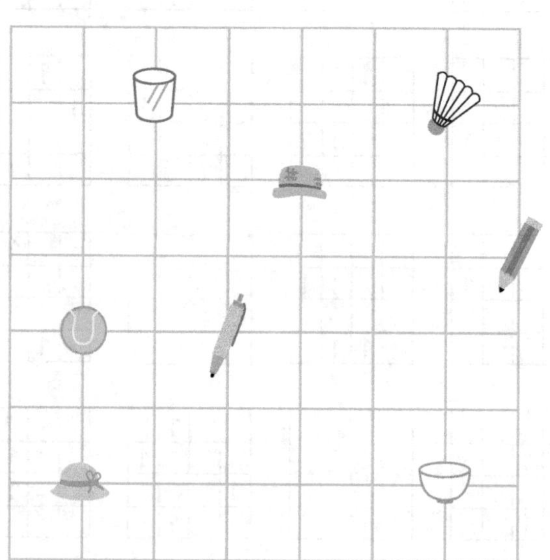

如果每条路线最多只能够调整 2 次方向，你能够找出每条路线吗？

44　难度指数: ■■■■■　限时:  分钟

第一个　582145.53695

第二个　214553695.58

第三个　4.5536955821

第四个　5369.5582145

⋮

第八个

根据上面小数的变化，你知道第八个应是哪一个小数吗?

45 难度指数：■■■□□ 限时：

分钟

观察下面的绿色组合和紫色组合。

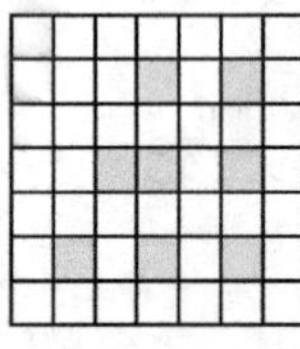

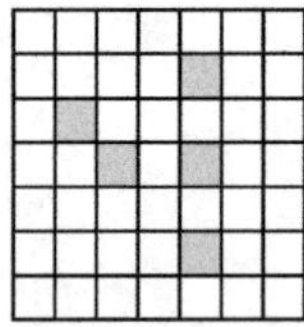

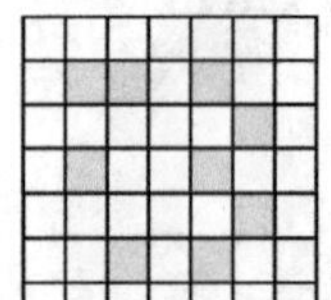

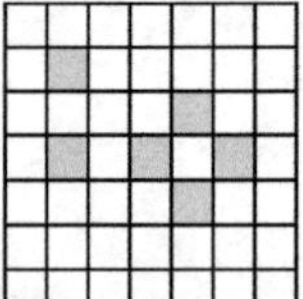

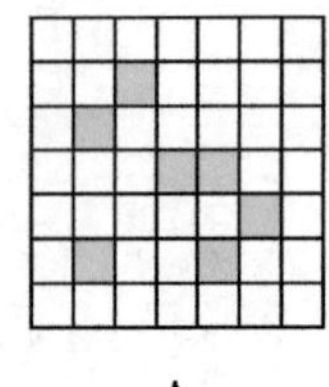

A

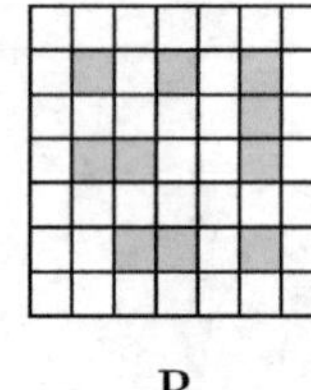

B

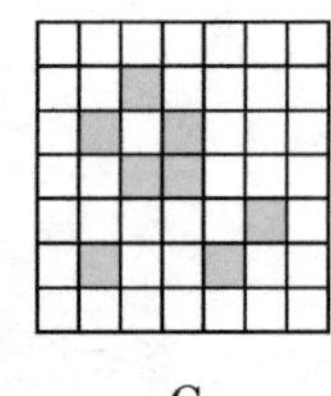

C

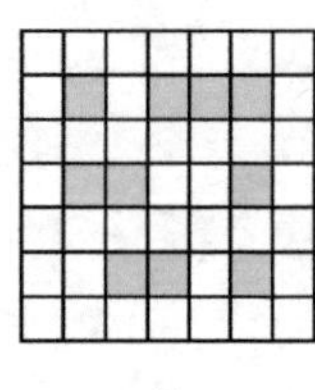

D

你能够找出哪两幅图是蓝色组合吗？

46 难度指数: 限时:  分钟

观察下面各幅图的变化。

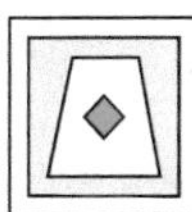 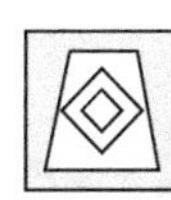 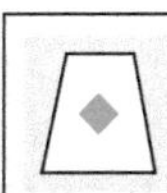

  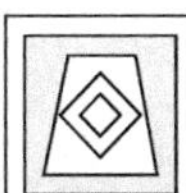

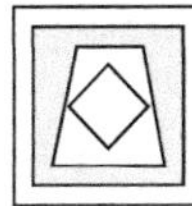  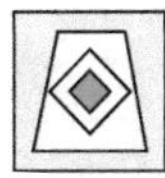

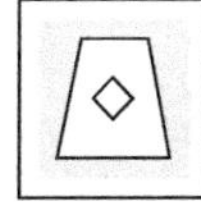 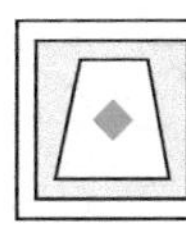 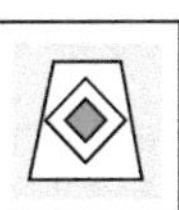

A B C D

“?”位置应是A至D中哪一幅图?

47 难度指数： 限时： 分钟

把下面的玻璃球放在棋盘的空洞上，使每一横行和斜行上都只有 1 颗玻璃球。

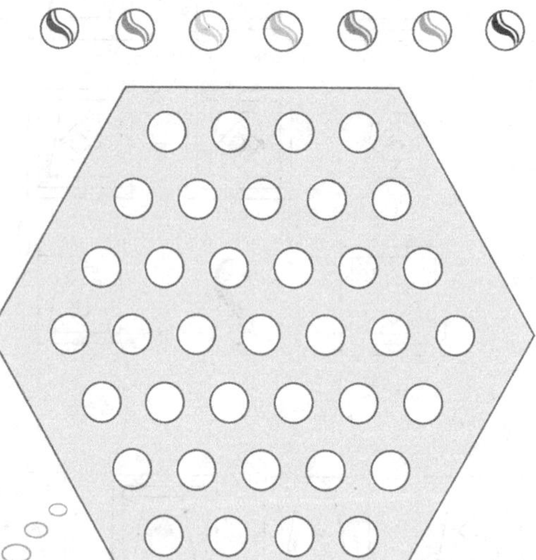

哪些空洞不用考虑呢？

你知道怎样放吗？

下面的立体图形都是由堆砌而成的。

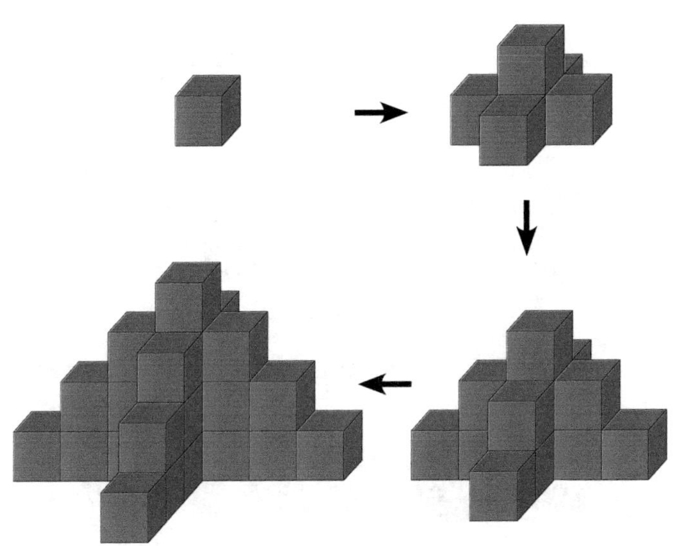

如果继续按这些立体图形的堆砌规律堆砌出一个9层的立体图形，这个立体图形共由多少个 堆砌而成?

49 难度指数：■■■■■ 限时： 04 分钟

果汁店记录了 5 种饮品在过去 5 天的销量，并据此制作了一个排行榜（销量最高的排第一，销量最低的排第五），有关资料如下：

· 苹果汁的排名比西瓜汁靠前的有4天；
· 西瓜汁的排名比芒果汁靠前的有4天；
· 芒果汁的排名比木瓜汁靠前的有4天；
· 菠萝汁的排名比苹果汁靠前的有4天。

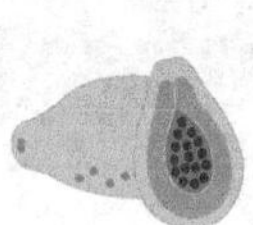

你知道这 5 天的排行榜情况吗？（不用考虑各天的先后次序）

50 难度指数： 限时：03 分钟

魔术师变出 6 幅有关联的图。

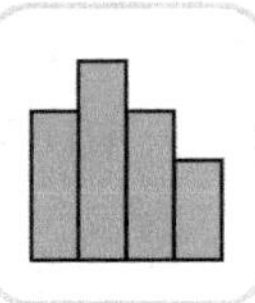
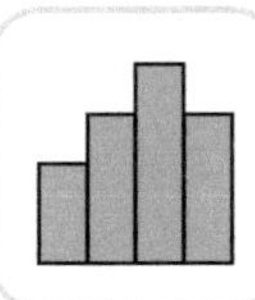
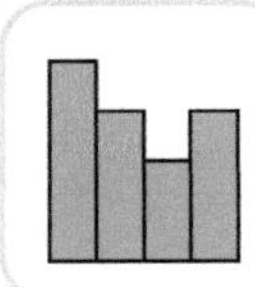
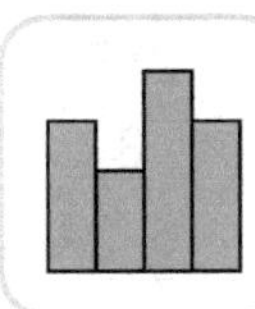
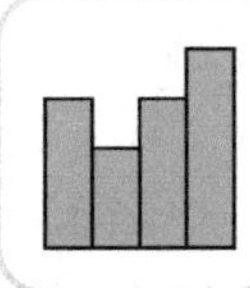

上面已显示其中 5 幅图，你知道余下的一幅图是什么样子吗？

51 难度指数: 限时: 04 分钟

12
6 2 3 4
8 2
48 2 3 8
24

24
3 8 2 12
10 ▲
30 5 10 60
6

■
6 6 2 72
10 3
60 15 6 24
4

16
2 8 3 48
42 12
84 3 7 4
⬟

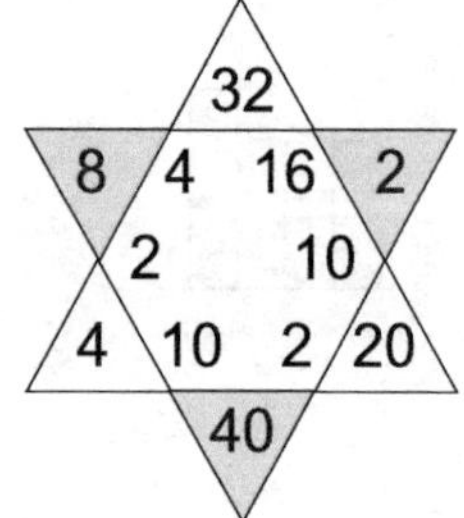

观察上面各图中数的分布规律，你能推测出▲、■和⬟分别代表哪一个数吗？

52　难度指数：　限时：

分钟

下图有两个五环图案，每个都包含数字 0 至 9。乐乐根据这些数字，按同一方式算了算，得出五环 A 的总数是106，而五环 B 的总数却不是106。

A

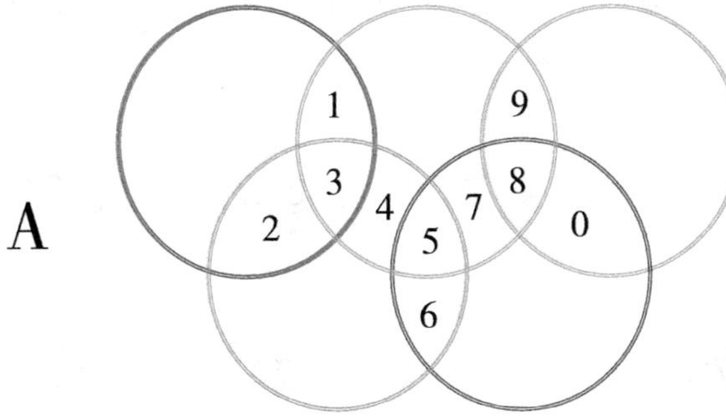

B

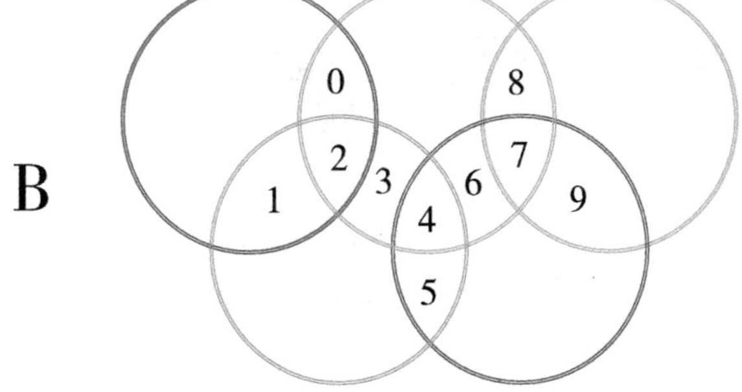

你知道他算出的五环 B 的总数是多少吗？

53

难度指数：

限时： 分钟

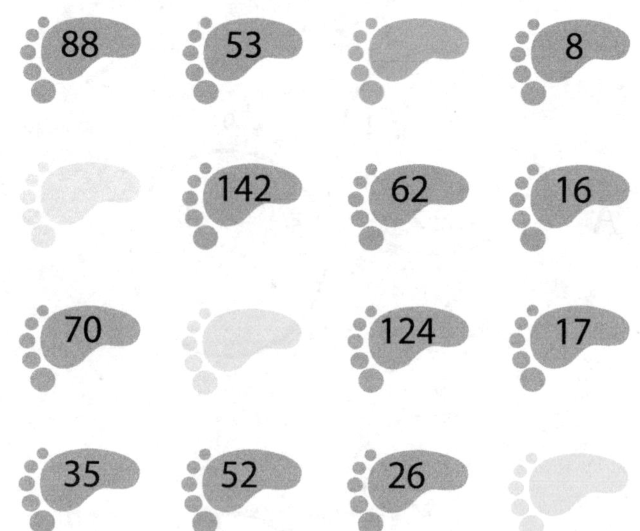

观察上面各数的变化规律，你能推测出其他每个着色的脚印应分别填上什么数吗？

54

难度指数：

限时：

分钟

A

B

C

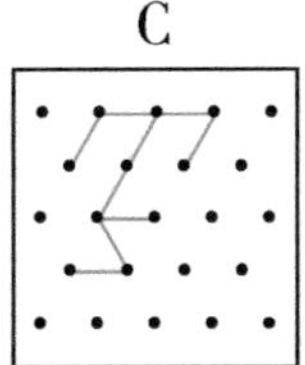

D

E

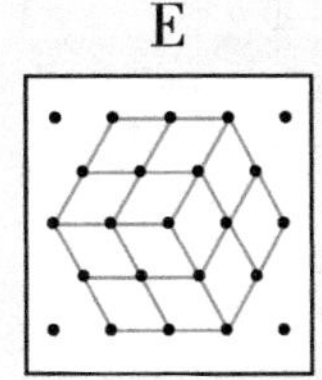

F

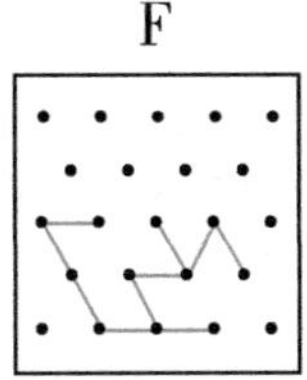

G

H

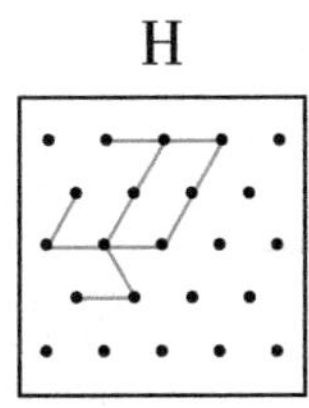

I

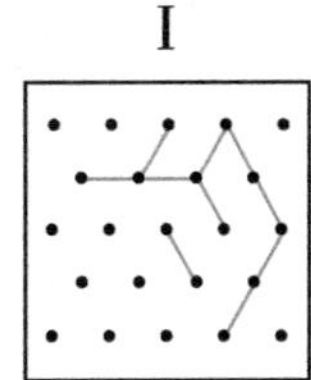

上面有 3 幅图可以通过重叠的方式合成图 E，你能够找出这 3 幅图吗？

55　难度指数：　限时：06 分钟

有一幅图画被剪成了10份，然后随意上下排列。

1
2
3
4
5
6
7
8
9
10

可先找出图画中图形缺失的部分，再逐一排列。

你能够把它们重新排列，复原这幅图画吗？

56　难度指数：　限时：

分钟

小猴子想把一堆香蕉平均放进袋子内。它在每个袋子中放进 9 根，最后余下 4 根；在每个袋子中放进 6 根，最后也余下 4 根；在每个袋子中放进 5 根，最后同样余下 4 根。最后，它在每个袋子中放进 4 根，刚好放完。

我只知道这堆香蕉有 300 至 500 根。

你能够帮小猴子算出这堆香蕉的数量吗？它最后用了多少个袋子才把香蕉刚好放完？

57 难度指数: 限时:  05 分钟

图样 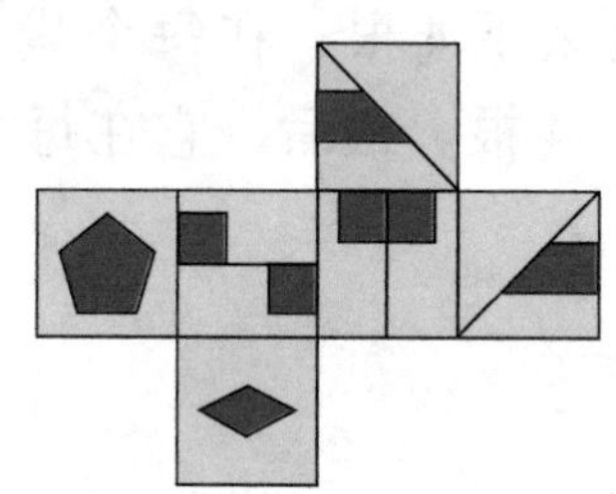

A

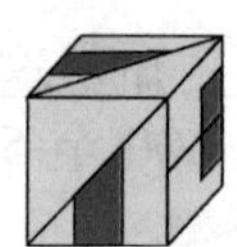
B

C

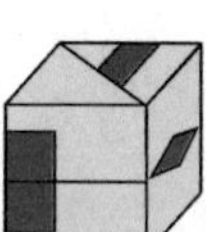
D

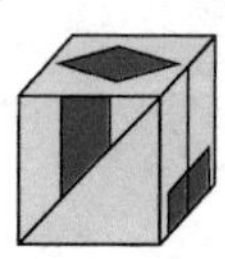
E

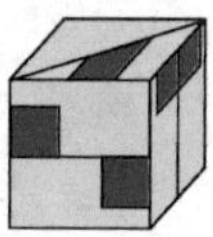
F

G

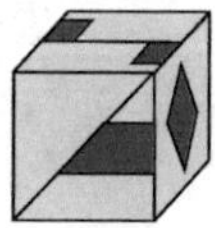
H

上图中，哪些正方体是由图样折成的？

58

难度指数：

限时：  04 分钟

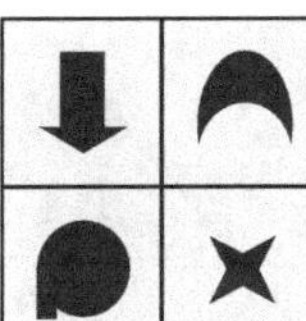

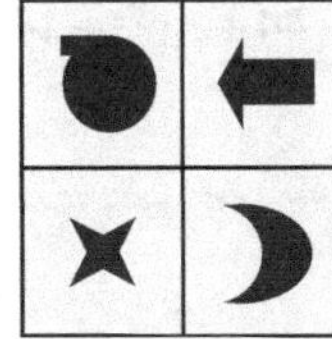

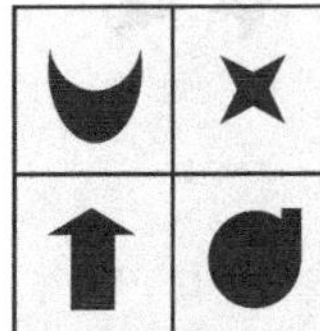
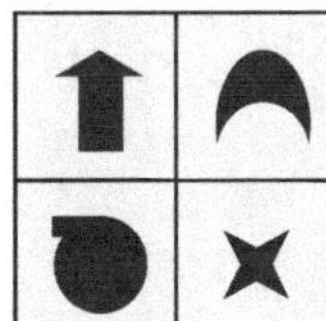
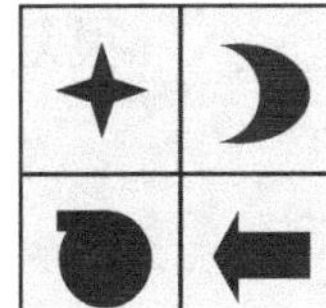

上面有 9 张图卡，你能够找出哪几对图卡是完全相同的吗？

59

难度指数：

限时： 分钟

下面是 4 道连续数相加的算式。

① $1+2+3+\cdots\cdots+123=7626$

② $24+25+26+\cdots\cdots+123=7350$

③ $1+2+3+\cdots\cdots+23=?$

④ $42+43+44+\cdots\cdots+141=?$

如果逐个数相加，很复杂啊！

根据①和②的计算结果，你能够推断出余下两道算式的结果分别是多少吗？

60　　难度指数：　　限时：04 分钟

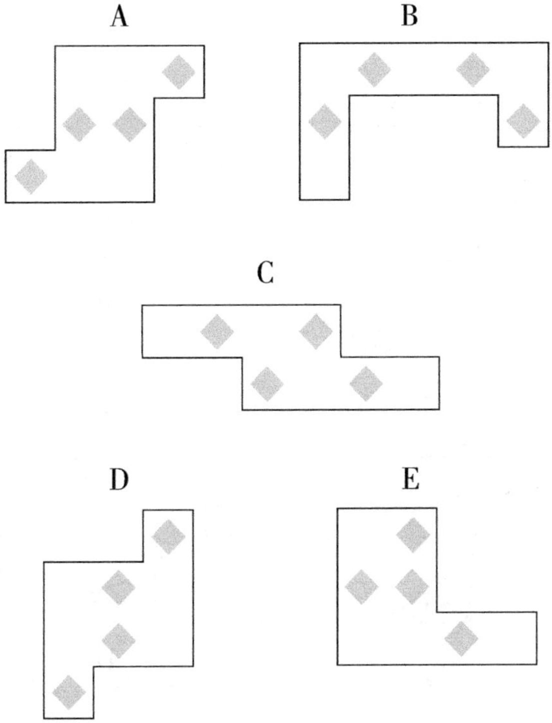

A

B

C

D

E

观察上图，哪一幅图与其他的不相同？

61 难度指数: 限时: 05 分钟

A

B

C

D

上面哪一幅图与其他的不相同?

62　难度指数：　限时：05分钟

豆制品店有 33 个大小相同的瓶子，其中 11 个瓶子中装满了豆浆，11 个瓶子中装了半瓶豆浆，余下的瓶子都是空的。

店员没有称量和倒出豆浆，就把这些豆浆和瓶子平均分成了 3 份，且每份的分配情况不相同，你知道他是怎样分配的吗？

63

难度指数：

限时： 分钟

游泳中心有两位队员进入了国际 100 米自由泳决赛，该中心给教练和获得冠军的队员设置了奖金 98 000 元。由于两位队员资历不同，奖金的分配稍有不同。如果队员 A 获得冠军，教练可分得的奖金是队员 A 的两倍；如果队员 B 获得冠军，教练可分得的奖金是队员 B 的一半。

最后，两位队员同时获得冠军，那么按订下的分配规则，教练和两位队员可分别获得奖金多少元？

64 难度指数：

限时：

分钟

裁缝师傅绣了下面的 4 块字布。

CUTE

700元

CLEVER

800元

SMART

750元

? 元

根据其中 3 块字布的售价，你能够推断出余下一块字布的售价吗？

65 难度指数：■■■■□ 限时：

05 分钟

快餐店打算在 12 月份把 3 款面包特价出售，且每天最多只有一款特价。在这 31 天中，鸡排包占特价总天数的 $\frac{1}{2}$，牛柳包占 $\frac{1}{3}$，鱼柳包占 $\frac{1}{5}$。

你知道这 3 款面包分别特价了多少天吗？

66

难度指数：

限时： 分钟

下面的柱子上放了 4 个环柱体。

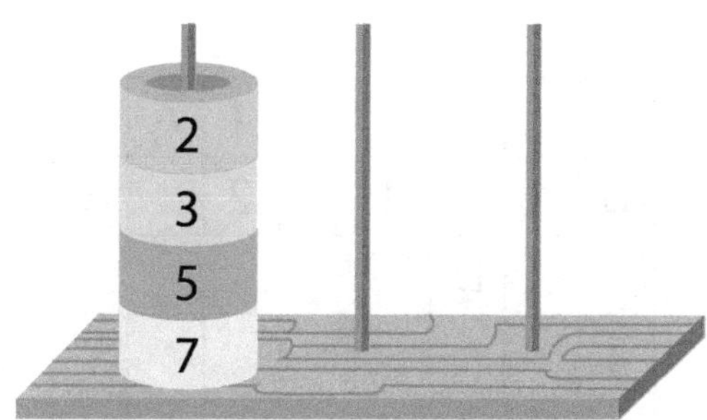

移动规则：

- 每次只可以移动 1 个环柱体
- 移动的环柱体只能放在柱子上
- 数字较大的环柱体不可以放在数字较小的环柱体上

根据移动规则，把这 4 个环柱体移动到中间的柱子上，最少要移动多少次？你是怎样完成的？

67　难度指数：　限时：07分钟

下图是由 8 个涂色部分组成的。

		C			4	A	1
B	4		1		2		3
		D					
4							
	D	4	2		A		
2							
3		2		B	C		
C	1	B		A			

A　B　C　D

1　2　3　4

如果要使每一竖行、每一横行和每个涂色部分都包含 A、B、C、D、1、2、3 和 4，你能够完成吗？

68

难度指数：

限时：

分钟

代表 1

代表 2

代表 3

代表 4

圆点是怎样排列的？

观察上面纸牌的圆点，你能推测出黄色纸牌是什么样子吗？

69　　难度指数：■■■■□　　限时： 05 分钟

下面的竖式中，每个英文字母分别代表一个 1 至 9 中不同的数字。

```
  A B
×   3
-----
C C C
```

```
  B A
×   3
-----
D B D
```

$A \times B \times C \times D = ?$

你能够算出上面算式的结果吗？

70

难度指数：

限时：

分钟

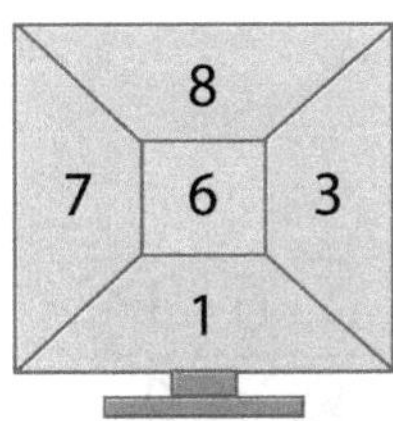

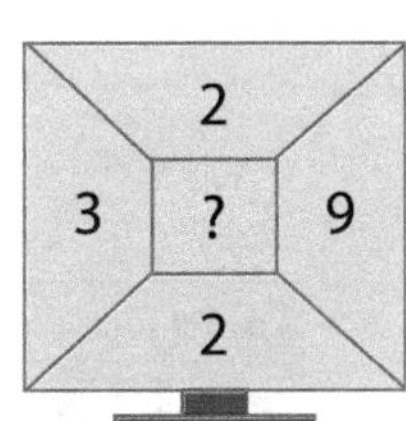

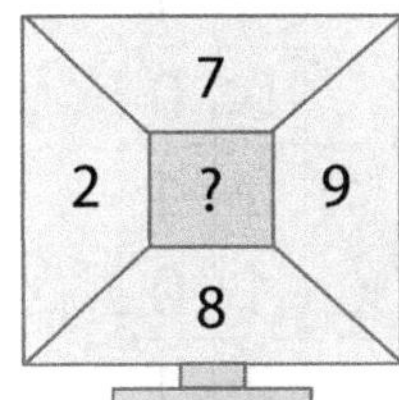

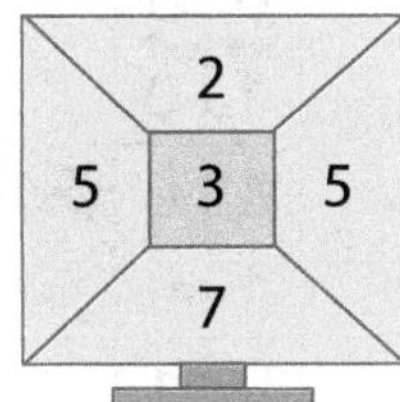

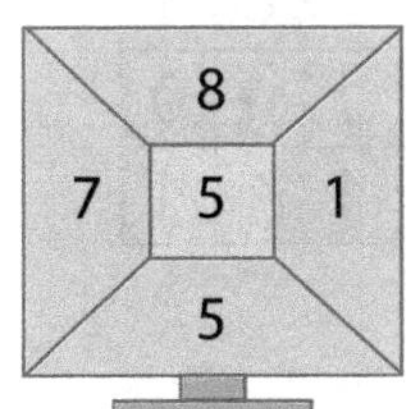

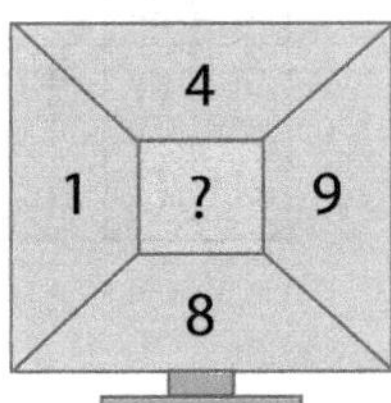

观察上面各组数字之间的关系，每个“？”的位置应分别填入哪一个数字？

71 难度指数: 限时: 

分钟

1	0	a	1	1	0	0	1
0	1	0	1	1	1	1	0
0	b					1	1
1	0					0	0
1	0	0	1	1	1	0	1
1	0	1	1	1	c	1	0
0	1					0	1
0	1					d	1
1	0	1	0	e	1	0	0
1	0	1	1	0	1	1	1

观察上图中“0”和“1”的排列顺序，每个英文字母代表的是“0”还是“1”呢？

72 难度指数：限时： 分钟

商场里有 3 个以恒定速度不停转动的风车。当风车 A 转动了 10 圈时，它比风车 B 多转动了 2 圈，同时又比风车 C 少转动了 2 圈。

当风车 B 转动了 10 圈时，风车 C 转动了多少圈呢？

73 难度指数： 限时： 07 分钟

123, 132, 280, 288

2046, 2327, 3231, 4214, 4199, 8213, 8214, 8250, 8305

26 462, 28 372, 38 285, 42 438, 42 541, 82 347

138 409, 145 790

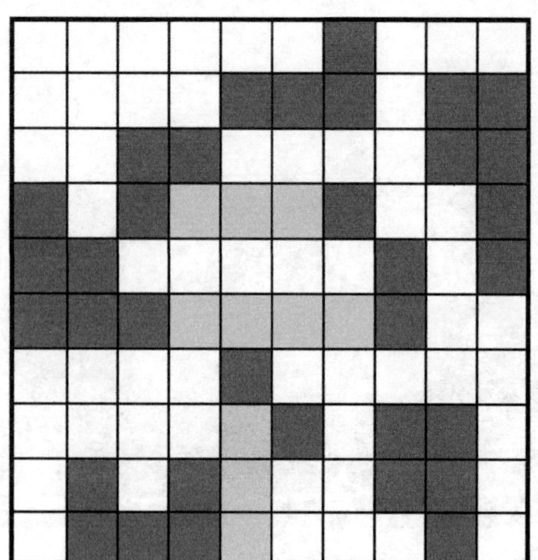

把上面的 21 个数填入表中白色和粉红色的空格，使它们能够串连起来。你能够完成吗？（粉红格串连的数字不包括在内）

74 难度指数： 限时：

分钟

家里有 5 个箱子，每个箱子中都放了 1 个玩偶，分别是牛、兔、马、羊、鸡这 5 种中的一种。爸爸逐一打开箱子前，先让孩子们猜猜每个箱子内放了哪种玩偶，但不揭晓是否猜中。下表显示每个孩子猜测的情况。

第一个 第二个 第三个 第四个 第五个

最后，每个孩子猜中的次数相同，但没有连续猜中两次的，且其中一个箱子同时有两个孩子猜中。你知道爸爸顺次打开的箱子放了哪一种玩偶吗？

75

难度指数：

限时： 分钟

 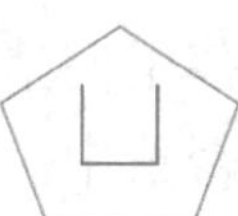 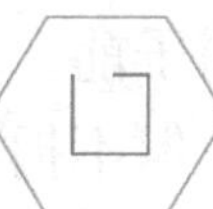

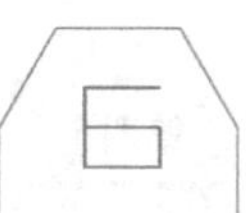 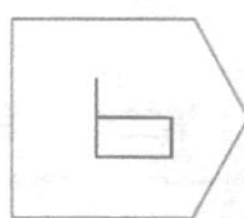 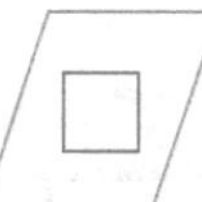

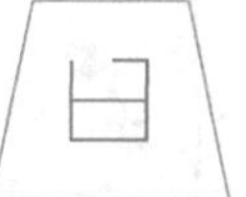 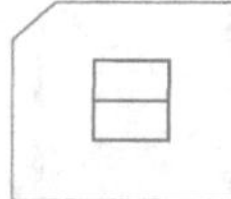 

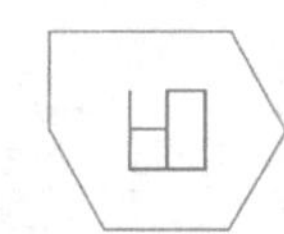

A

B

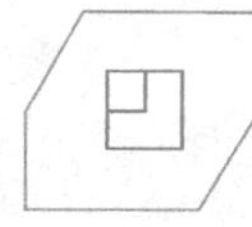

C

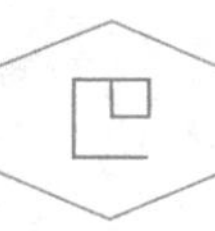

D

观察上图，“?”位置应是A至D中哪一幅图？

76　难度指数：　限时：06 分钟

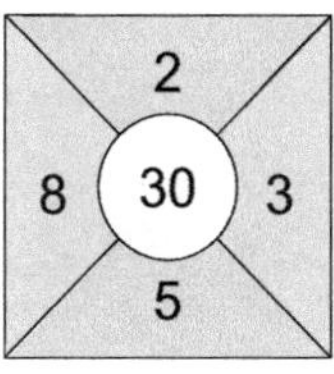

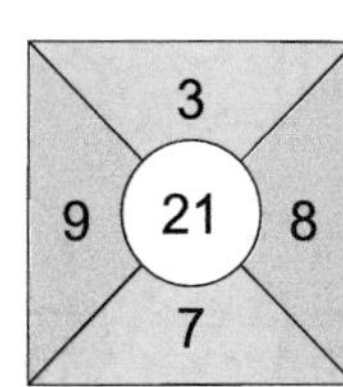

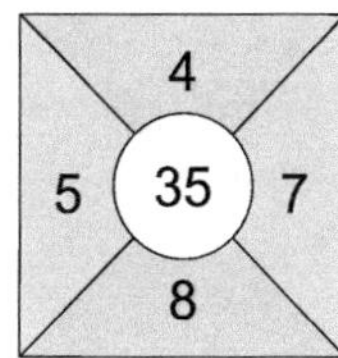

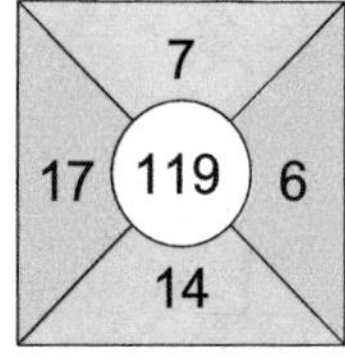

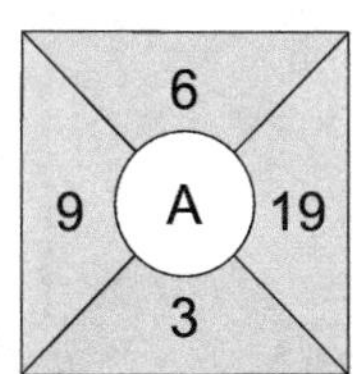

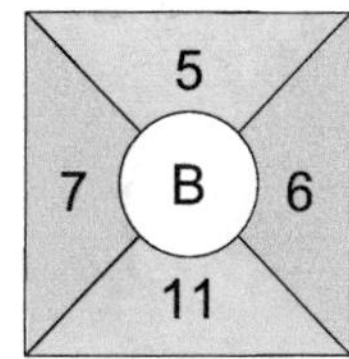

观察上面各组数之间的关系，你知道圆形 A 和圆形 B 应分别填上什么数吗？

77　难度指数：　限时： 06 分钟

海豹接受训练，要在下面每个算柱上按同一规律放上算珠。

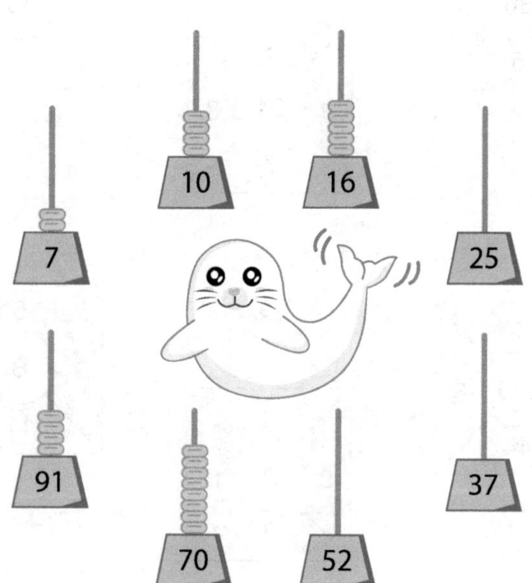

你知道它应在余下 3 个算柱上分别放多少粒算珠吗？

78　难度指数：　限时：07 分钟

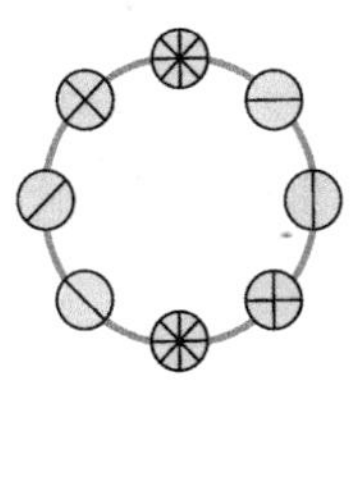

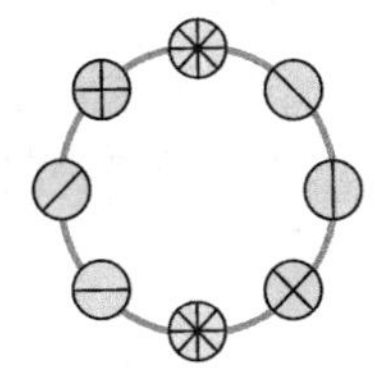

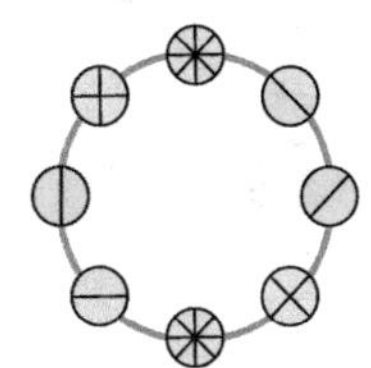

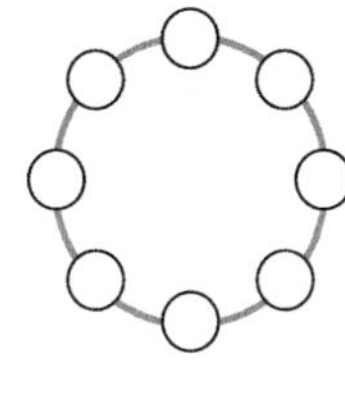

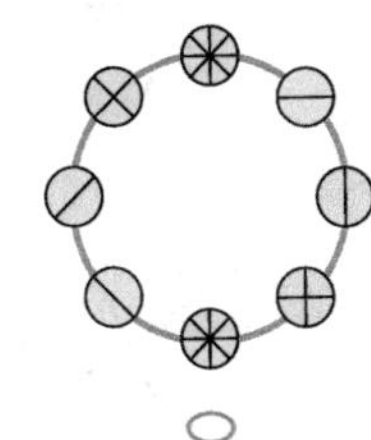

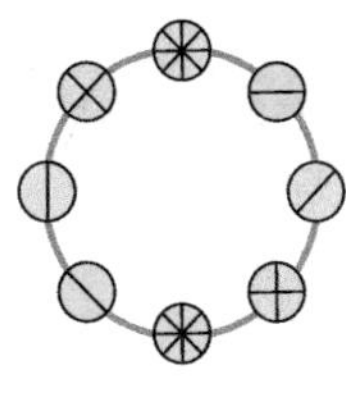

颜色和线段的变化规律是不相同的。

观察上面八环圈的变化规律，你知道空白的八环圈应是什么样子吗？

79　难度指数：　限时：

08 分钟

2　4　5　5　6　6　8　8

8　8　8　9　10　10　11　12

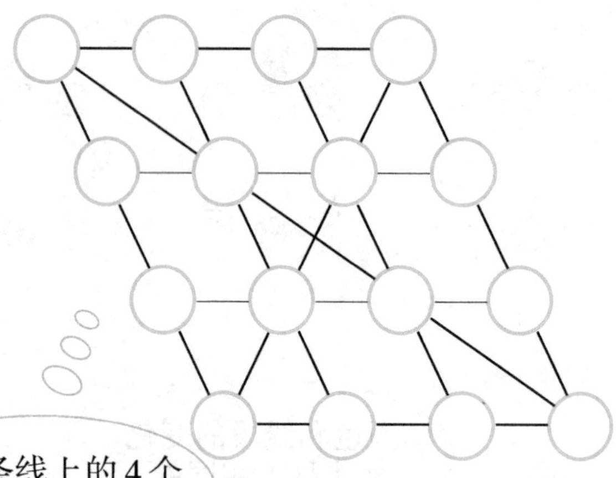

每一条线上的4个数之和是多少？

如果把上面的16个数填在图中的圆圈内，使每一条线上的4个数之和相等，你知道怎样填吗？

80

难度指数：

限时：

分钟

下面每幅图中都有一些圆形是蓝色的。

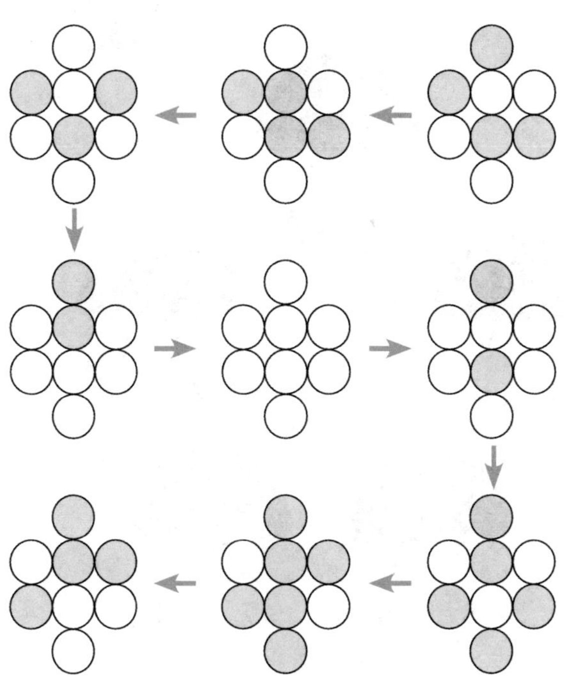

你知道中间的一幅图中哪些圆形应是蓝色的吗？

81 难度指数： 限时：08 分钟

把每组数分成单数和双数。

19	
2	3
9	6

13	
1	8
3	7

?	
3	4
2	9

33	
5	9
8	4

99	
3	?
7	5

观察上面各蘑菇屋中的数字关系，你知道“?”和“?”位置应分别填上什么数吗?

82 难度指数： 限时：08 分钟

小老鼠在下图中走，先从⑦走到⑤，然后按规则继续走，可以获得🧀，如蓝色线所示。

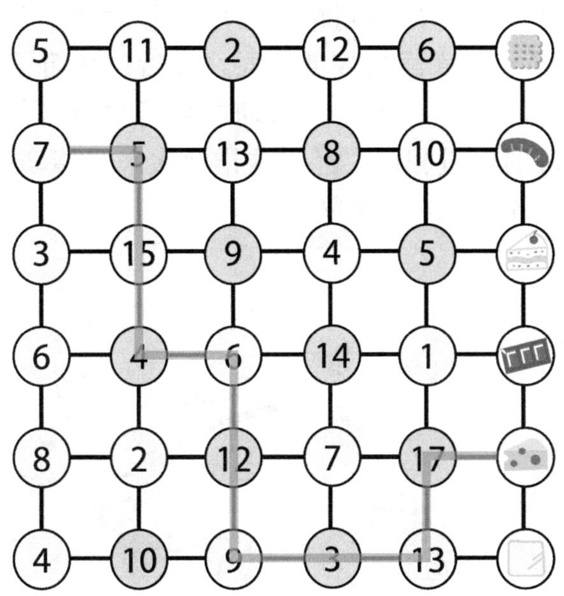

如果它改为先从⑧走到②，然后按相同的规则走，所走的路线是怎样的？可以获得哪一种食物？

83　难度指数：　限时：分钟

现有 2 个箱子，如果从箱子 Y 中把草莓移到箱子 X 中，移动的草莓数量与箱子 X 中草莓的数量相同。然后，从箱子 X 中把草莓移到箱子 Y 中，移动的草莓数量与箱子 Y 中草莓的数量相同，接着又从箱子 Y 中把草莓移到箱子 X 中，移动的草莓数量与箱子 X 中草莓的数量相同。最后，从箱子 X 中把草莓移到箱子 Y 中，移动的草莓数量与箱子 Y 中草莓的数量相同。经过这样两次来回移动后，2 个箱子各有 128 颗草莓。

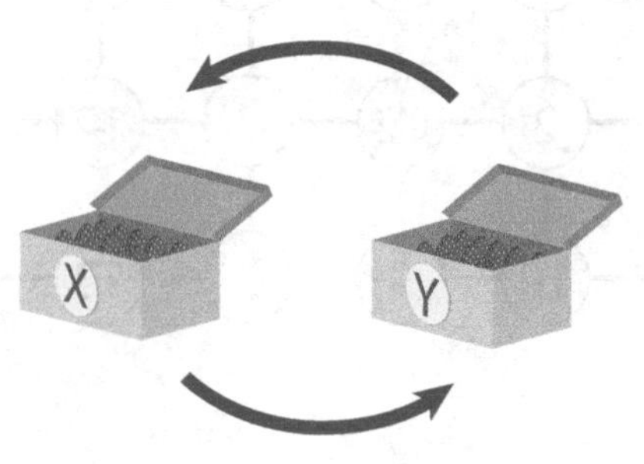

你知道箱子 X 和箱子 Y 分别原有多少颗草莓吗？

84

难度指数：

限时：08 分钟

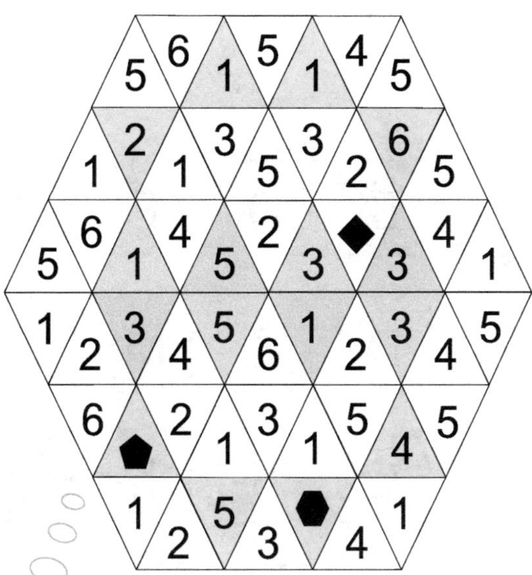

试把整个图分成若干等份，再观察各数字的分布情况。

观察六边形内的数字排列，你知道各个符号分别代表哪一个数字吗？

85

难度指数：●●●●● 限时： 10 分钟

乐乐把 16 张英文字母卡按如下图所示方式排列，其中 2 张显示背面。

B	D	F	H
D	Z	M	Z
C	S	K	
U		B 	X

观察卡中的字母排列规律，你知道显示背面的那 2 张卡的正面分别是哪一个英文字母吗？

86

难度指数：　限时：

分钟

2	3	1	3	3	5
5	4	2	4	9	7
4	5	5	7	7	9
5	9	6	8	5	8
3	6	2	3	6	7
1	7	1	5	9	8

只有［　］符合要求啊！
5+5=10

把上面的 9 张四格数字卡重新排列，使每张卡与另一张卡的相邻数字之和都是 10，且排成的仍然是正方形。每张卡都可以旋转摆放，如下图所示。

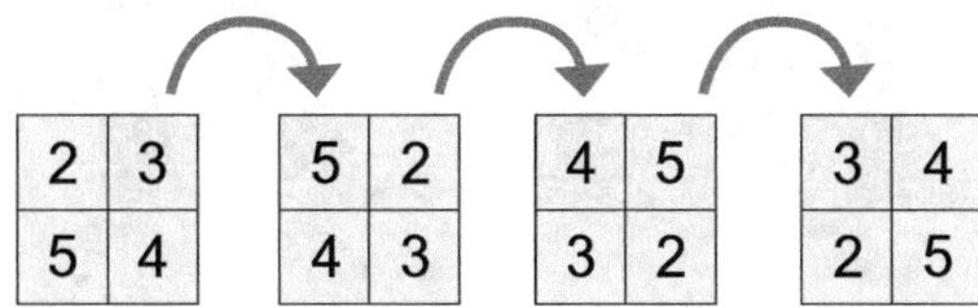

你知道怎样排吗？

87 难度指数：●●●●● 限时： 10 分钟

星星乐园准备了一沓游戏券送给4个小丑，他们在不同时间去取游戏券。每个小丑取游戏券时，均以为其他小丑未取，于是只取剩余游戏券的$\frac{1}{4}$。当第四个小丑取走游戏券后，余下81张游戏券。

你知道这沓游戏券原来有多少张吗？

88　难度指数：●●●●●　限时： 分钟

俊俊和哥哥想购买一台游戏机，但没有足够的钱，于是先由姐姐付款，然后两人开始存钱还给姐姐，他们承担的金额相同。两人的存钱计划如下：

- 俊俊第一个星期存 20 元，之后每个星期比上一个星期多存 5 元，到最后一个星期只需存 25 元。
- 哥哥第一个星期存 35 元，之后每个星期比上一个星期多存 5 元，到最后一个星期只需存 15 元。

你知道这台游戏机的售价是多少吗？

89 难度指数：●●●●● 限时： 08 分钟

下图中，每个木箱里都有一些金币，且金币的数量与木箱表面的数有一定的关系。李明只能取走一个木箱，因此他想取走金币数量最多的那一个，但他只知道其中 3 个木箱中金币的数量。

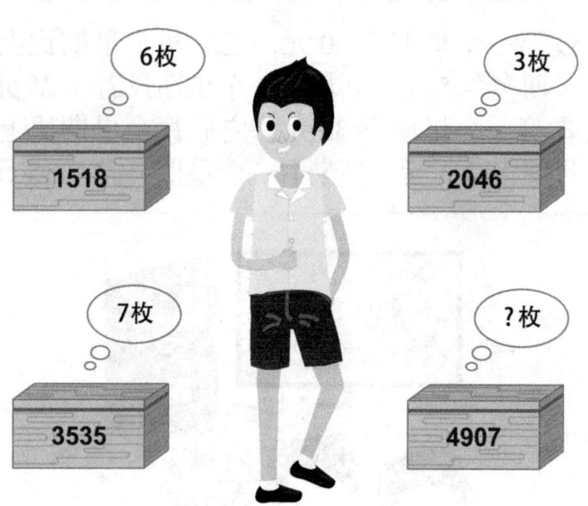

你能够替他求出余下一个木箱中的金币数量吗？李明最后取走了哪一个木箱？

90

难度指数：

限时：

分钟

一个旅行社调查了某校四年级学生去北京、上海、广州 3 个城市的旅行情况，并做了一份调查报告，内容如下：

曾到过北京旅行的人数：268

曾到过上海旅行的人数：197

曾到过广州旅行的人数：234

曾到过北京和上海旅行的人数：105

曾到过北京和广州旅行的人数：86

曾到过上海和广州旅行的人数：52

曾到过这3个城市旅行的人数：19

未到过这3个城市旅行的人数：45

你知道这次调查的四年级学生有多少人吗？

91　难度指数：●●●●●　限时：

分钟

下面8幅图能够按同一规律配成4对，其中图A和图F是一对。

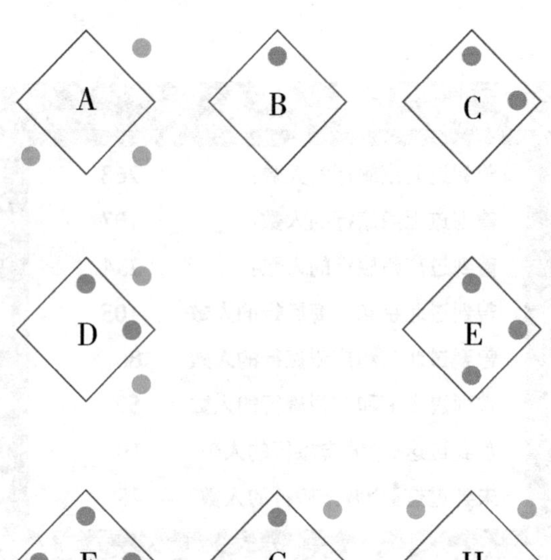

你能够找出其余3对吗？

92

难度指数：●●●●●　限时：12 分钟

4125	3029	✹781
3236	2574	4545
5962	4397	683⚡
6304	5☾52	4996

观察上面每一个四位数之间的关系及规律，你知道✹、⚡和☾分别代表哪一个数字吗？

93

难度指数：

限时： 12 分钟

观察上图，你知道余下两只企鹅身上应该填什么数吗？

94　　难度指数：　　限时：

分钟

一款手机在 2020 年推出，当时的价格是 8800 元。生产商估计这款手机每年都会降价，于是他以一种计算方法来估计这款手机在未来 5 年的价格，如下图所示。

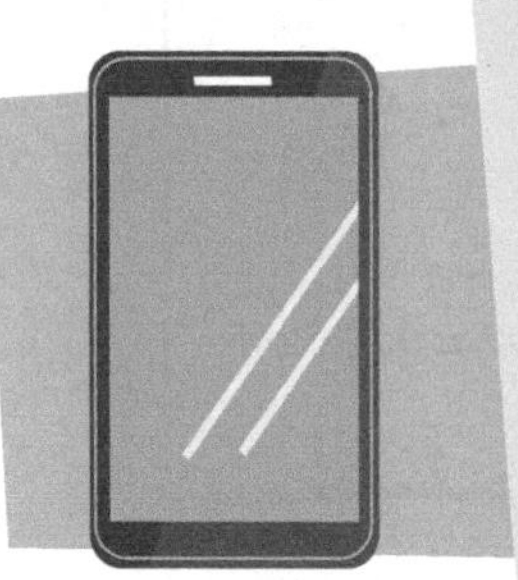

年份	价格
2020年	8800元
2021年	4500元
2022年	2400元
2023年	1400元
2024年	950元
2025年	?元

你知道这款手机在 2025 年的价格吗？

95 难度指数：●●●●● 限时：

分钟

下面 3 道算式中，每个英文字母分别代表不同的整数，且都比 1 大。

$$P - Q = R$$

$$\frac{R}{3} = S$$

$$\frac{P}{2} + \frac{Q}{3} = 15$$

你知道这些英文字母分别代表什么数吗？

96　难度指数：　限时：分钟

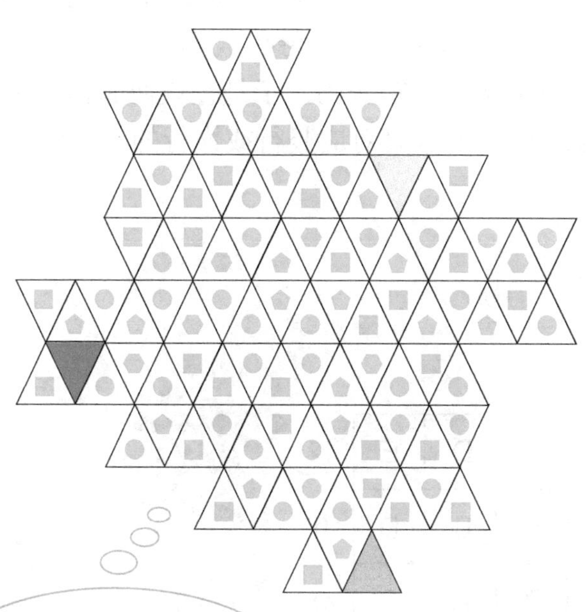

试把整个图分成若干等份，再观察每一份中图形的分布情况。

观察上面4个图形的变化规律，你知道绿色、橙色和紫色空格内分别是哪一个图形吗？

97　难度指数：●●●●●　限时： 15 分钟

小熊爸爸参加马拉松比赛，他的参赛号码是ABCDE（每个英文字母代表不同的数字）。小熊想知道爸爸的参赛号码，于是爸爸便制作了下表考考他，旁边的数是对应竖行或横行的3个数之积。

A	D	E	12
E	B	D	6
B	A	C	48
24	8	18	

你能够帮小熊找出爸爸的参赛号码吗？

98 难度指数：●●●●● 限时： 分钟

乐乐打开了一个密码锁。开始时数字组合是9045，他按规律改动了8次，而每次只改动一个数字，最后竟然把密码锁打开了。

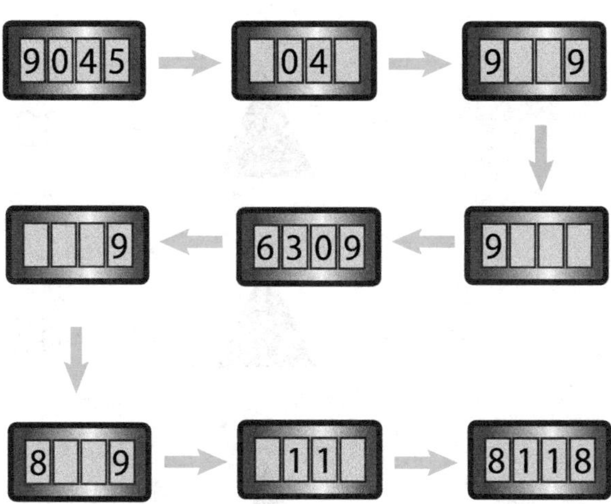

你能够推算出他改动的过程吗？

99 难度指数：●●●●● 限时： 15 分钟

下面的算式中，不同的图形分别代表不同的数。（图形代表的数与图形的面积有关）

▲ − ▬ = 16

■ − ▲ = 32

▬ + ▲ = 48

■ × ▲ = ？

你能够推断出最后一道算式的结果吗？

100　难度指数：　限时：15 分钟

下面 6 只动物坐成一排，被安排星期一至星期六轮流当组长，当组长时他们吃了不同的食物。动物穿绿衣表示 10 岁，穿蓝衣表示 8 岁。

①吃莲蓉包的动物比吃菜肉包的动物较迟当组长。

②星期六当组长的动物穿绿衣，他坐在吃奶黄包的动物的邻座。

③吃芝麻包的动物穿蓝衣，他与吃莲蓉包的动物之间只有 1 只动物。

④星期二和星期五当组长的动物穿同色衣，只有2只动物坐在他们之间。

⑤吃叉烧包的动物比星期四当组长的动物年轻，他不是坐在吃芝麻包的动物的邻座。

⑥吃菜肉包的动物比吃芋蓉包的动物迟两天当组长，吃芋蓉包的动物也比吃芝麻包的动物迟两天当组长。

仔细阅读上面的信息，你知道每只动物在星期几当组长，当组长时吃了什么食物吗？

参考答案

1. F

2. 30个

数字卡“9”可旋转变为“6”，因此可以组成12个真分数、12个假分数和6个带分数。

3. 代表4；代表6；代表7；代表2。

4.（答案不唯一）

5. 13个

6. 少1人

7. 86个

8. 5分钟

大脑笔记

假设5个饼分别为A、B、C、D和E。
第一分钟：烤A的上面和B的上面
第二分钟：烤A的下面和B的下面
第三分钟：烤C的上面和D的上面
第四分钟：烤C的下面和E的上面
第五分钟：烤D的下面和E的下面

9. B

大脑笔记

贴纸中每一竖行均包含马、兔、鸡、羊、象5种动物，并按以上规律从左至右重复一种动物。

10. $6 \times 2 = 12$，即1打；依次类推，就是3打、6打和10打。

11. D

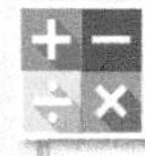

以竖行来看，每行中花瓣、花蕊和叶子的组合都是相同的。

12. E

13. 2314

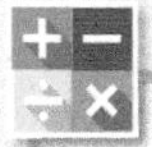

按围墙上数字出现的次数，由多到少排列。

14. E

15. B和F

16. E

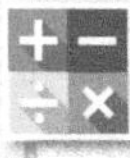

- 左上角和右下角的两个小图形：互调位置，并顺时针转 90°。
- 左下角和右上角的两个小图形：互调位置。

17. （答案不唯一）

每个○代表1把椅子。

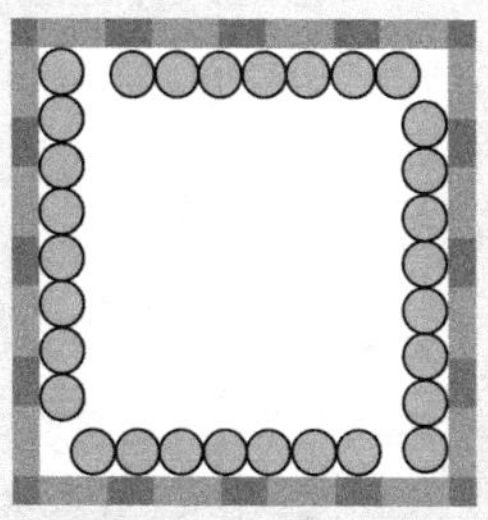

18. （答案不唯一）

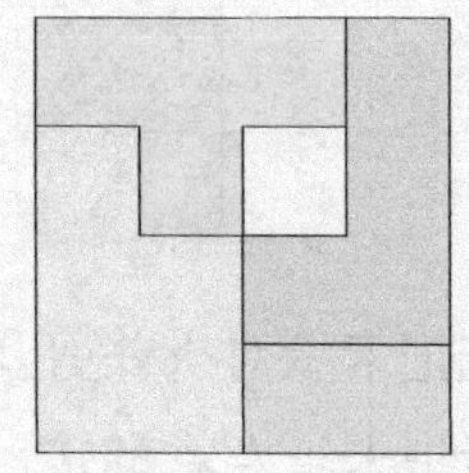

2个

19. （答案不唯一）

$2 \times 2 - 2 \div 2 - 2 \div 2 + 2 - 2 = 2$

20. 前面

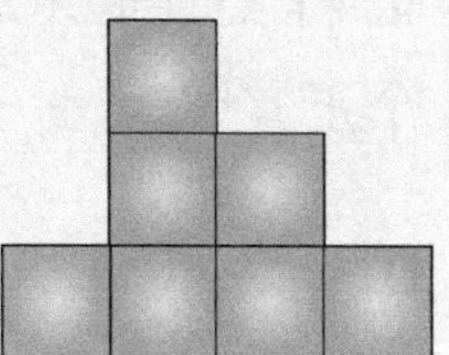

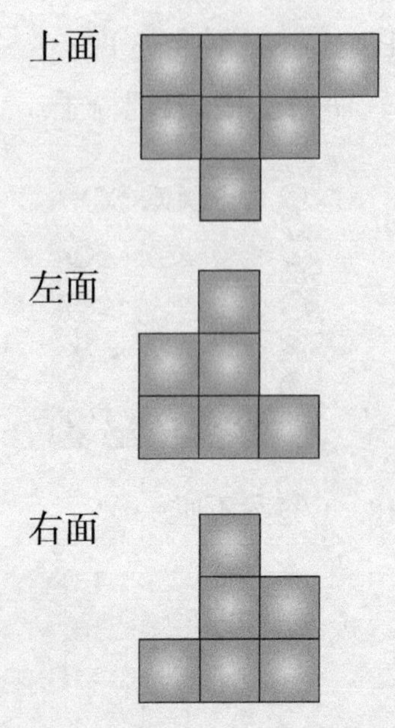

21. 先把卡纸对折并剪开，然后把卡纸左右翻转，再重新拼成一个长方形。

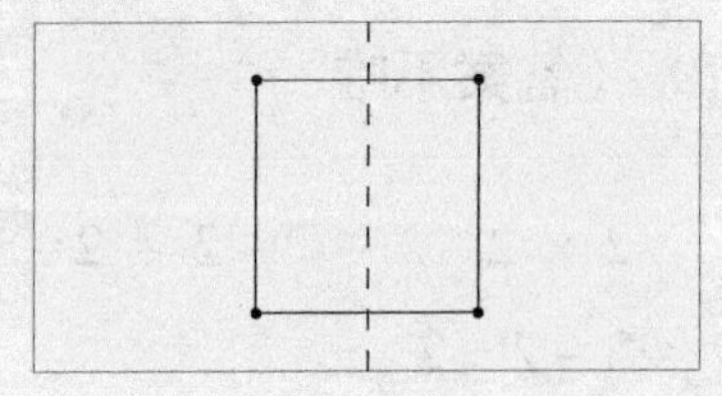

把4个点连起来，便是一个正方形。

22. D

23. X是蓝色，Y是紫色。

大脑笔记

可将图看作等边三角形，把3个角转动位置，积木的颜色都是相同的。

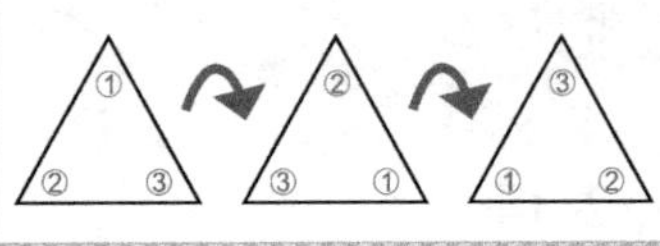

24. 3张

大脑笔记

从上往下，分别翻转第三张、第六张和第八张纸条。

25. C

大脑笔记

把各组数由小到大排列。A、B和D中，每两个数之间的差是相同的，分别是11、9和7。

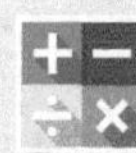

26. 0.00001111

27. 964523

28. B

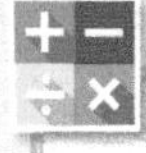

大脑笔记

假设每个方格边长为1 cm。图形B的周长是28 cm，而其他图形的周长是30 cm。

29.

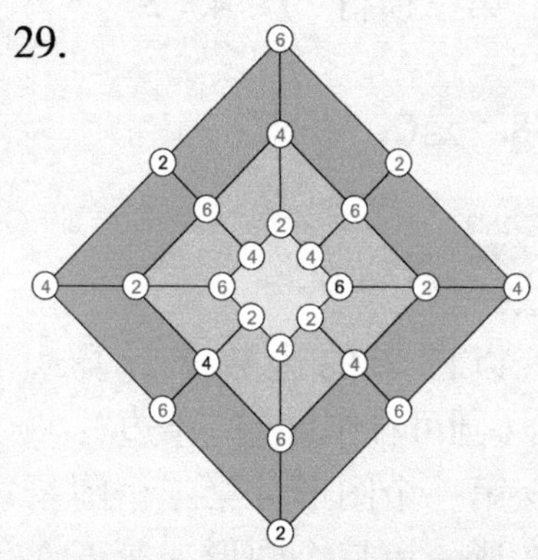

30.

31. C和E

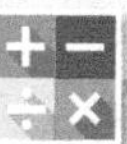

大脑笔记

- 以组成数字的小棒数量来计算。
- 例子的第一道算式：左边（9和5）和右边（8和6）都是相差1根小棒。
- 例子的第二道算式：左边（4和1）和右边（8和3）都是相差2根小棒。

32.（答案不唯一）

先在第一个袋子里装4个橙子，第二个袋子里装6个橙子，第三个袋子里装8个橙子，然后把第一个袋子放进第二个袋子里，所以第二个袋子变成装了10个橙子。

33. B

大脑笔记

把每个图形化成分数，然后以每一横行来看。第一幅图的涂色部分 - 第二幅图的涂色部分 = 第三幅图的涂色部分。

34. 不可能。因为欣欣前两次可能共掷得6点或8点，所以最后一次必须掷得5点或3点才能得到奖品，但她最后只可能掷得2点或4点。

35. 每个 • 代表1个保龄球瓶。

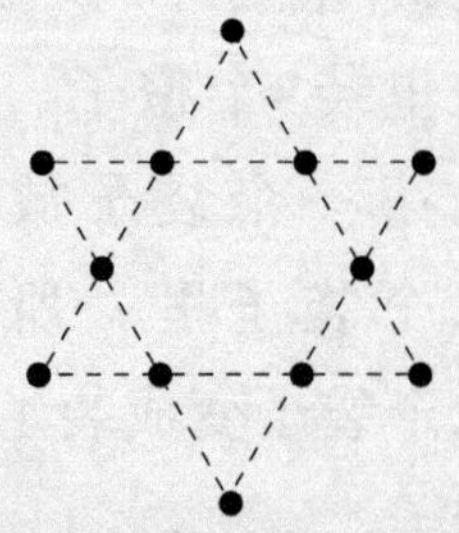

36. ▲代表6；◆代表5；⬟代表2；⬢代表9；★代表4；●代表0。

37.

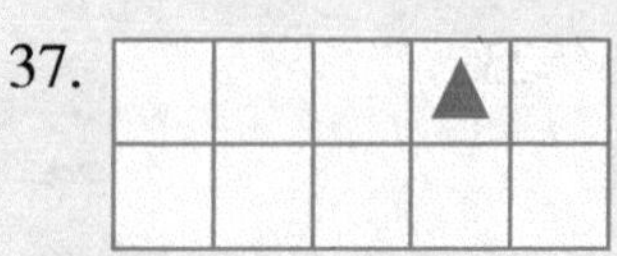

大脑笔记

每格对应代表的数如下：

0	1	2	3	4
5	6	7	8	9

第一横行：8 - 2 = 6

第二横行：9 - 5 = 4

第三横行：7 - 4 = 3

38. ?是C，?是E。

大脑笔记

以图形的边数来计算（圆可看作只有一条边）：第一个图形 - 第二个图形 = 第三个图形 = 第五个图形 - 第四个图形

5 - 1	4	8 - 4
8 - 5	3	6 - 3
4 - 3	1	6 - 5

39. 她只需称量一次。在天

平的一边放上4 g砝码和16 g砝码，另一边放上1 g砝码和8 g砝码，然后在这一边倒上盐，直至天平的两边平衡，倒出的盐便是11 g。

40. B

大脑笔记

代表1，代表3。已知的3幅图和图B都是代表16。

41. 狐狸B

大脑笔记

由于狐狸A和狐狸C说的话正好相反，因此可推断他们其中1只所说的话正确。因为只有1只狐狸没说谎，由此得知狐狸B和狐狸D都在说谎，进而得知获得金牌的是狐狸B。

42.

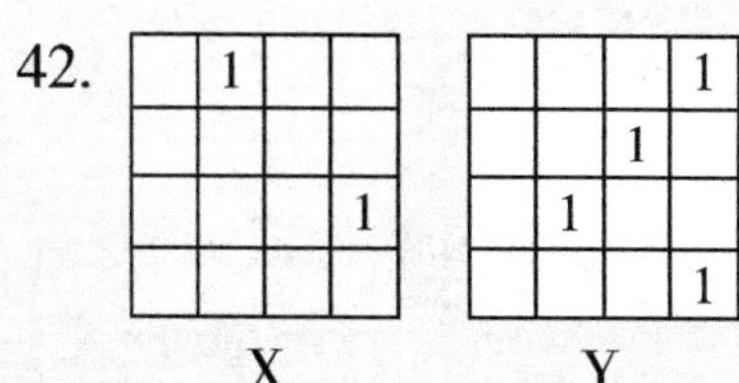

大脑笔记

把全图平均分成上、下两部分，两部分中“1”的位置是对称的。

43.（答案不唯一）

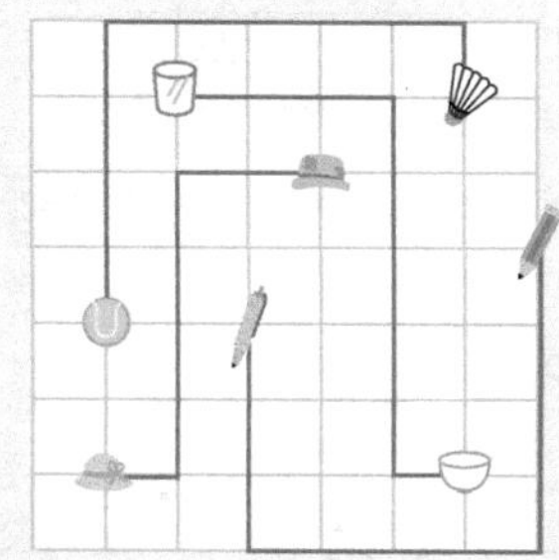

44. 14553.695582

大脑笔记

第五个：6955821.4553
第六个：5582145536.9
第七个：82.145536955

45. A和D

大脑笔记

每种颜色组合的两幅图重叠放会分别组成数字。

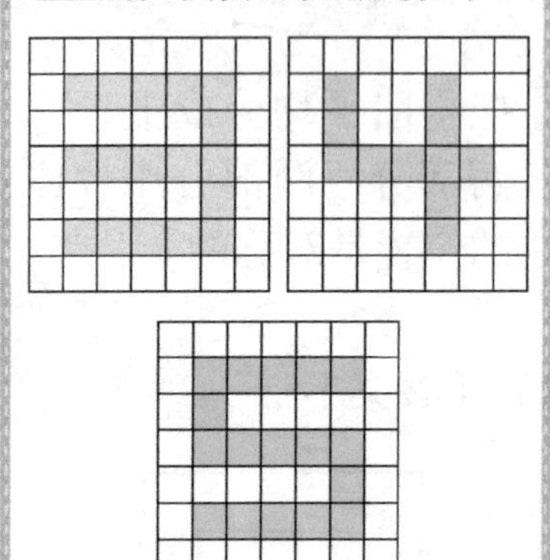

46. B

大脑笔记

以每一竖行来看，先把第一和第二幅图合起来，再去掉重叠的部分，会得出第三幅图。

47. （答案不唯一）

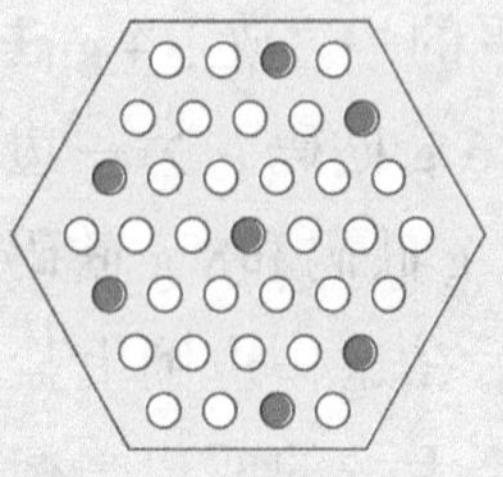

48. 153个

大脑笔记

$1+5+9+13+17+21+25+29+33=153$（个）

49. 这5天的排行榜情况：

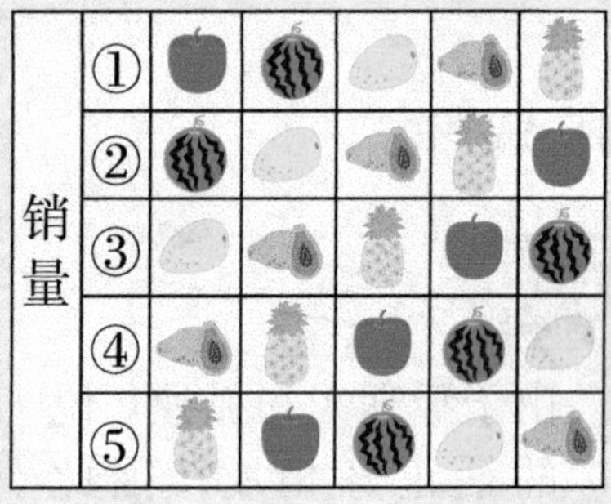

50.

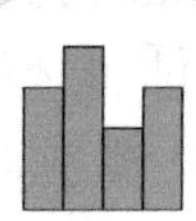

大脑笔记

用1、2、2和3共可组成6个“2”不相连的四位数，且这6幅图中的短、中、长柱分别代表数字“1”“2”和“3”。

51. ▲代表5；■代表36；⬟代表28。

大脑笔记

六边形各角的数＝旁边三角形较大的数÷旁边三角形较小的数。

- ▲＝60÷12，即▲是5。
- 如果6＝6÷■，即■是1，但72÷1＝72，不是“2”。因此，6＝■÷6，即■是36。
- 如果3＝⬟÷84，即⬟是252，但252÷4＝63，不是“7”。因此，3＝84÷⬟，即⬟是28。

52. 103

大脑笔记

根据数字重叠的环的数量，把数字分别×2或×3，然后加起来。

53. 填上106；

填上44；

填上71；

填上34。

大脑笔记

从右上角“8”开始，沿回方向数字变化规律：每两个数一组，后一个数是前一个数的2倍。

54. C、F和G

55.

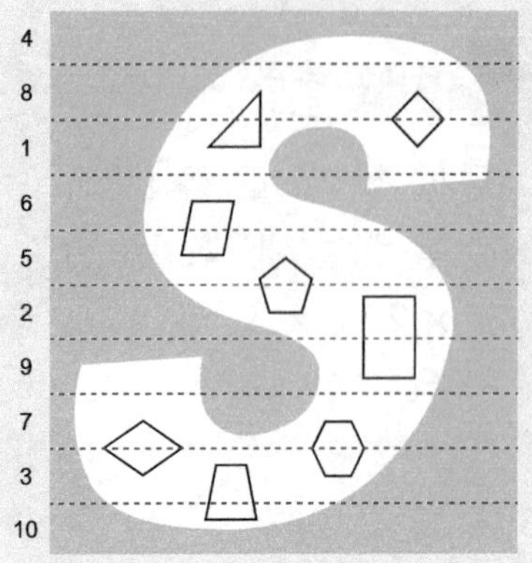

56. 这堆香蕉的数量是364根，它最后用了91个袋子才把香蕉放完。

大脑笔记

- 300至500之间，5、6和9的公倍数有360和450。
- 由于余数都是4，所以可能的数量是364根或454根，而454不能够被4整除。
- 因此这堆香蕉的数量是364根，它最后用的袋子的数量：364 ÷ 4 = 91（个）。

57. D和F

58. 3对

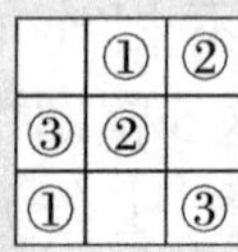

59. ③ 7626 − 7350 = 276

④ 7350 + 18 × 100 = 9150

大脑笔记

算式④中，每个数都是把算式②的每个数加上18，共有100个数，即共加上（18 × 100）。

60. D

大脑笔记

除图D外，其他的都是由2个下图拼成的。

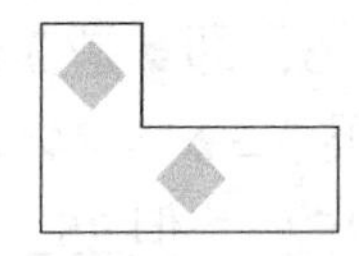

61. D

大脑笔记

在图 A、B和C 中，4个小图形合并后都是中间大图形的一半。（小图形可以翻转后合并）

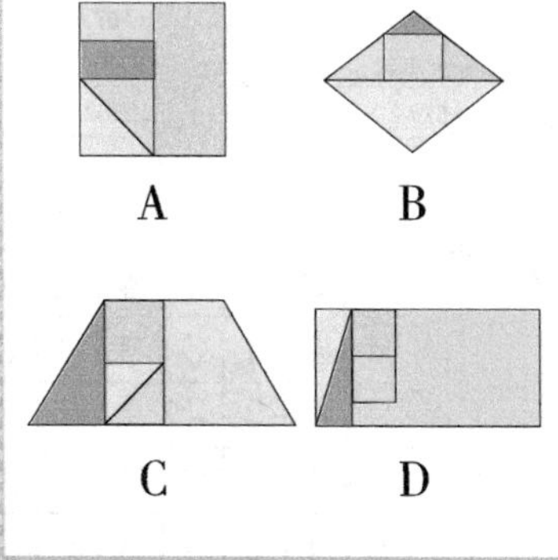

62. 分配情况如下：

	满瓶	半瓶	空瓶
第一份	5	1	5
第二份	4	3	4
第三份	2	7	2

大脑笔记

11个“满瓶”等于22个“半瓶”，即共有33个“半瓶”。所以每份有11个“半瓶”。先分配“半瓶”，再根据结果分配“满瓶”和“空瓶”。

- 第一份：
  1个“半瓶”，余下10个“半瓶”即5个“满瓶”，最后5个“空瓶”。
- 第二份：
  3个“半瓶”，余下8个“半瓶”即4个“满瓶”，最后4个“空瓶”。
- 第三份：
  7个“半瓶”，余下4个“半瓶”即2个“满瓶”，最后2个“空瓶”。

63. 教练可获得奖金28 000元，队员A可获得奖金14 000元，队员B可获得奖金56 000元。

64. 900元

根据英文字母和星星图案的数量来推断。

65. 鸡排包特价了15天，牛柳包特价了10天，鱼柳包特价了6天。

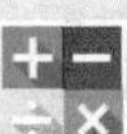

2、3 和 5 的最小公倍数是 30。

$\frac{1}{2}=\frac{15}{30}$；$\frac{1}{3}=\frac{10}{30}$；$\frac{1}{5}=\frac{6}{30}$

66. 15次

其中一种移动方法：

第一次	第二次	第三次
357 / ○ / 2	57 / 3 / 2	57 / 23 / ○
第四次	第五次	第六次
7 / 23 / 5	27 / 3 / 5	27 / ○ / 35
第七次	第八次	第九次
7 / ○ / 235	○ / 7 / 235	○ / 27 / 35
第十次	第十一次	第十二次
3 / 27 / 5	23 / 7 / 5	23 / 57 / ○
第十三次	第十四次	第十五次
3 / 57 / 2	○ / 357 / 2	○ / 2357 / ○

67.

D	3	C	B	2	4	A	1
B	4	A	1	C	2	D	3
A	2	D	3	4	1	C	B
4	C	1	A	D	B	3	2
1	D	4	2	3	A	B	C
2	B	3	C	1	D	4	A
3	A	2	4	B	C	1	D
C	1	B	D	A	3	2	4

68.

大脑笔记

$\frac{6}{8}+\frac{2}{8}=\frac{8}{8}=1$

$\frac{7}{4}+\frac{1}{4}=\frac{8}{4}=2$

$\frac{9}{5}+\frac{6}{5}=\frac{15}{5}=3$

$\frac{5}{3}+\frac{7}{3}=\frac{12}{3}=4$

留意左面（乙）和右面（И）纸牌的圆点排列方式不同，所以答案只有一个。

69. 7 × 4 × 2 × 1 = 56

大脑笔记

- 从“AB × 3 = CCC”，得知CCC可能是111或222。
- 考虑CCC = 111，111 ÷ 3 = 37，因此BA × 3 = 73 × 3 = 219，不符合条件。
- 考虑CCC = 222，222 ÷ 3 = 74，因此BA × 3 = 47 × 3 = 141。
- 因此，A代表7，B代表4，C代表2，D代表1。

70. 紫色图：4；

绿色图：3；

蓝色图：7。

大脑笔记

在每组数中，让梯形内的4个数字组成两个两位数，其中一个数能被另一个数整除，得出的商就是长方形内的数字。

- 92 ÷ 23 = 4
- 87 ÷ 29 = 3
- 98 ÷ 14 = 7

71.

a	b	c	d	e
1	1	0	0	1

大脑笔记

- 每4格（田）为一组。
- 第一、二竖行及第七、八竖行：4格中有2个“0”和2个“1”。
- 第三、四竖行及第五、六竖行：4格中有1个“0”和3个“1”。

72. 15圈

大脑笔记

当风车B转动了8圈时，风车C转动了12圈；从而得知当风车B转动了2圈时，风车C转动了3圈。因此，当风车B转动了10圈时，风车C转动了15圈。

73.

1	4	5	7	9	0		2	8	8
3	2	3	1				0		
2	1			8	2	1	4		
	4		4	2	6		6	2	
		4	2	5	4	1		3	
			4	0	6	3		2	8
8	2	1	3		2	8	3	7	2
3	8	2	8	5		4			3
0		3		2	8	0			4
5				4	1	9	9		7

74. 羊，牛，兔，马，鸡

大脑笔记

- 根据资料，可直接得出下表的结果：

	第一个	第二个	第三个	第四个	第五个
哥哥	×	牛	×		
妹妹		×		×	
弟弟	×	牛	×		

- 若每个孩子只猜中一次，假设妹妹猜中第一个（即羊），那么第五个就没有选择；假设妹妹猜中第三个（即兔），那么第一和第四个不可能同时是鸡，否则会出现矛盾；假设妹妹猜中第五个（即马），那么第三个就没有选择。
- 每个孩子猜中两次，且每个箱子都有人猜中。
- 由此可推断妹妹猜中第一和第三个箱子；从而得知哥哥猜中第二和第五个箱子，弟弟猜中第二和第四个箱子。

75. C

大脑笔记

从左上角第一幅图开始，沿⊐行进。

- 紫色线的规律：四边形、五边形、六边形，如此重复。
- 蓝色线的规律：直角数量比前一幅图多1个。

76. A填上57；B填上385。

大脑笔记

把所有质数相乘。

- A = 3 × 19 = 57
- B = 5 × 7 × 11 = 385

77. “25”算柱：3粒；
“37”算柱：2粒；
“52”算柱：6粒。

大脑笔记

根据算柱上的数，它的因数数量就是算珠数量。

78.

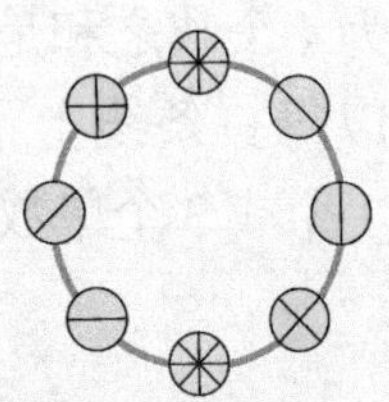

大脑笔记

从左上角第一幅图开始，沿⊐行进。

- 颜色规律：顺时针移动3格。
- 线段规律：第一次□4角的环圈对角调换，第二次◇4角的环圈对角调换，如此重复。

79.（答案不唯一）

10，2，8，10

6，11，5，8

8，9，5，8

6，8，12，4

大脑笔记

- 这 16 个数之和是 120。所以每一条线上的4个数之和是 120 ÷ 4=30。
- 因为 4 个数之和是双数，所以每一条线上不可能有 1 个或 3 个单数。

80.

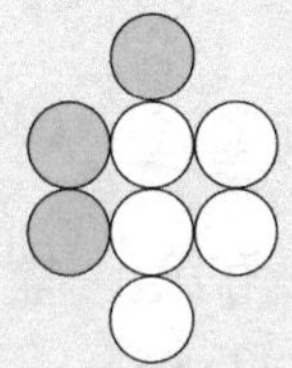

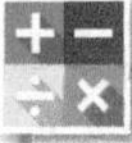

大脑笔记

在 8 次变换颜色中，圆形 X 和它的上下左右的圆形都会变换颜色，即原本是白色的就会变为蓝色，原本是蓝色的就会变为白色。圆形 X 位置的顺序如下：

	1	
4	3	2
5	6	7
	8	

81. ? 填上21；? 填上6。

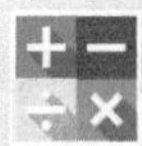

大脑笔记

根据蘑菇屋中下部分的数字，“单数的积 - 双数的和”就是蘑菇屋中屋脊上的数。

82. 8 → 2 → 1 2 → 7 → 1 4 → 4→5 →10→6→

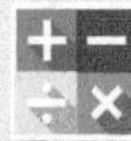

大脑笔记

规则：两数能整除，向着与小老鼠走的同一方向前进；余数是单数向左转；余数是双数向右转。

83. 箱子X原有88颗草莓，箱子Y原有168颗草莓。

大脑笔记

以逆方向计算：

	箱子X	箱子Y
最后	128	128
第二次 X→Y前	128 + 128 ÷ 2 = 192	128 ÷ 2 = 64
第二次 Y→X前	192 ÷ 2 = 96	64 + 192 ÷ 2 = 160
第一次 X→Y前	96 + 160 ÷ 2 = 176	160 ÷ 2 = 80
第一次 Y→X前	176 ÷ 2 = 88	80 + 176 ÷ 2 = 168

84. ◆代表1；⬟代表6；⬢代表5。

大脑笔记

这个六边形由6个下图所示的大三角形拼成，每个大三角形中的9个数字之和都是30。

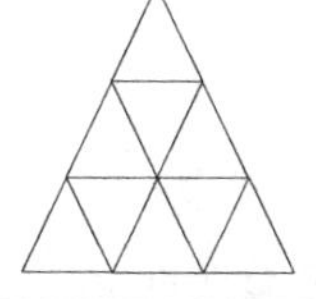

85. 第三横行：N；
第四横行：R。

大脑笔记

A至Z和1至26的对照表如下：

A	B	C	D	E	F	G	H	I	J	K	L	M
1	2	3	4	5	6	7	8	9	10	11	12	13
N	O	P	Q	R	S	T	U	V	W	X	Y	Z
14	15	16	17	18	19	20	21	22	23	24	25	26

以每一横行来计算：第一个数 × 第三个数 − 第二个数 = 第四个数

- 第三横行：
$3 \times 11 - 19 = 14$
- 第四横行：
$21 \times 2 - 18 = 24$

86.

5	2	8	6	4	5
4	3	7	5	5	9
6	7	3	5	5	1
3	1	9	7	3	2
7	9	1	3	7	8
5	8	2	4	6	9

87. 256张

大脑笔记

- 第四个小丑未取时，有游戏券：81 ÷ 3 × 4 = 108（张）。
- 第三个小丑未取时，有游戏券：108 ÷ 3 × 4 = 144（张）。
- 第二个小丑未取时，有游戏券：144 ÷ 3 × 4 = 192（张）。
- 第一个小丑未取时，有游戏券：192 ÷ 3 × 4 = 256（张）。

88. 1350元

大脑笔记

俊	20	25	30	35	40	…	25		
哥				35	40	…	…	…	15

- 利用上表，灰色部分表示两人存的金额相同。
- 蓝色部分哥哥存了：（20 + 25 + 30 + 25）− 15 = 85（元），从而推断出下表的结果。

俊	20	25	30	35	40	…	80	25	
哥				35	40	…	80	85	15

- 俊俊和哥哥各存了675元。
- 因此，这台游戏机售：675 × 2 = 1350（元）。

89. 余下一个木箱中金币的数量是2枚；李明最后取走了木箱“3535”。

大脑笔记

先把各数位的数字相加，如果不是一位数，再把和的各数位的数字相加，直至得出一位数，即 4 + 9 + 0 + 7 = 20，2 + 0 = 2。

90. 520人

大脑笔记

（268 + 197 + 234）−（105 + 86 + 52）+ 19 + 45 = 520（人）

91. B和D；C和G；E和H

大脑笔记

每个蓝色圆形代表1，每个咖色圆形代表5。在每对图中，先把各图中所有圆形代表的数相加，然后把两个图的结果相乘，都会得出60。

92. ✹代表2；⚡代表0；☾代表5。

大脑笔记

千位数字乘以十位数字，百位数字乘以个位数字，这两个积的差分别是3，6，9，12，15，18。

3	6	9
3	6	9
12	15	18
12	15	18

93. 第一横行：31；
第三横行：41。

大脑笔记

把旗子的数自乘一次，然后根据帽子颜色加上一个数，即为企鹅身上的数：紫色加上5，橙色加上15，蓝色加上25。

- 第一横行：
$4 \times 4 + 15 = 31$
- 第三横行：
$6 \times 6 + 5 = 41$

94. 775元

大脑笔记

2021年：
$8800 \div 2 + 100 = 4500$（元）
2022年：
$8800 \div 2 \div 2 + 200 = 2400$（元）
2023年：
$8800 \div 2 \div 2 \div 2 + 300 = 1400$（元）
2024年：
$8800 \div 2 \div 2 \div 2 \div 2 + 400 = 950$（元）

2025 年：
$8800 \div 2 \div 2 \div 2 \div 2 \div 2 + 500 = 775$（元）

95. P代表24；Q代表9；R代表15；S代表5。

大脑笔记

- 从“$\frac{P}{2}+\frac{Q}{3}=15$”，得知$\frac{P}{2}$和$\frac{Q}{3}$必定是整数，从而得知 Q 是 3 的倍数。
- 从“$\frac{R}{3}=S$”，得知 R 是 3 的倍数；再从“$P-Q=R$”，得知 P 也是 3 的倍数。

因此，$\frac{P}{2}$是 3 的倍数。
在 15的组合中，只有3和 12 及 6 和 9 符合条件。

- $\frac{P}{2}$比$\frac{Q}{3}$大，因此不用考虑$\frac{P}{2}=3$或6。
- 考虑$\frac{P}{2}=9$、$\frac{Q}{3}=6$，则 $P=18$、$Q=18$，因此 $R=0$，不符合条件。
- 考虑$\frac{P}{2}=12$、$\frac{Q}{3}=3$，则 $P=24$、$Q=9$，因此$R=15$、$S=5$。

96. 绿色空格：■；橙色空格：●；紫色空格：⬢。

大脑笔记

整个图由 8 个下图拼成，每个图中的 12 个图形包含 5 个●、4 个■、2 个⬢和 1 个⬢。

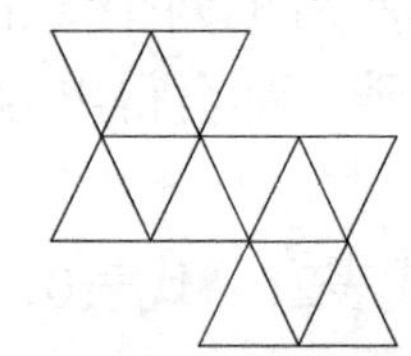

97. 42613

大脑笔记

- 从“$E \times B \times D = 6$”和“$A \times E \times B = 24$”，得知 A 是 D 的 4 倍。
- 从“$A \times D \times E = 12$”和“$A \times E \times B = 24$”，得知 B 是 D 的 2 倍。
- 因为“$D \times B \times A = 8$”，而只有 1、2 和 4 的积是 8，所以 A 代表 4，B 代表 2，D 代表 1。

- 因为“B × A × C = 48”，即 2 × 4 × C=48，所以 C 代表 6。
- 因为“E × B × D = 6”，即 E × 2 × 1 = 6，所以 E 代表 3。

98.

9045	9049	9009
8309	6309	9309
8109	8119	8118

大脑笔记

- 改动次序：从个位数字到千位数字，再从千位数字到个位数字。
- 改动规律依次为：+4，−4，+3，−3，+2，−2，+1，−1。

99. 512

大脑笔记

- 从第一道算式，得知▲ = ▬ +16。
- 把第三道算式写成“▬ + ▬ + 16 = 48”，即 ▬ + ▬ = 32，所以 ▬ = 16，▲ = 32。
- 从而把第二道算式写成“■ − 32 = 32”，因此■ = 64。
- 由于■的大小是▪的 4 倍，因此 ▪ = 64 ÷ 4 =16。
- 因此 ▪ × ▲ =16 × 32 = 512。

100. 从左面数起，当组长日期及吃的食物如下：

排第一	排第二	排第三	排第四	排第五	排第六
星期二	星期四	星期六	星期五	星期一	星期三
叉烧包	奶黄包	莲蓉包	菜肉包	芝麻包	芋蓉包

大脑笔记

- 从⑥得知，吃芝麻包、芋蓉包和菜肉包的动物可能是在星期一、三、五或二、四、六当组长；从①得知，吃莲蓉包的比吃菜肉包的较迟当组长，表示只能是一、三、五的组合，而吃莲蓉包的是在星期六当组长。
- 从⑤得知，吃叉烧包的动物不是星期四当组长。

综上可知各动物在星期一至星期六分别吃什么食物：

一	二	三	四	五	六
芝麻包	叉烧包	芋蓉包	奶黄包	菜肉包	莲蓉包

再根据资料②、③、⑤，可得出下表的结果：

		次序					
星期	食物	一	二	三	四	五	六
一	芝麻包		×	×			×
二	叉烧包		×	×			×
三	芋蓉包						
四	奶黄包						
五	菜肉包						
六	莲蓉包	×			×	×	

- 从⑤得知，吃叉烧包的动物是穿蓝衣，但不是坐在同样是穿蓝衣的吃芝麻包的动物旁边，因此他只能是排第一。
- 从④得知，星期五当组长的动物排第四。
- 余下穿蓝衣的只能是吃芝麻包的动物。

那就可得出下表的结果：

		次序					
星期	食物	一	二	三	四	五	六
一	芝麻包	×	×	×	×	✓	×
二	叉烧包	✓	×	×	×	×	×
三	芋蓉包	×			×	×	
四	奶黄包	×			×	×	
五	菜肉包	×	×	×	✓	×	×
六	莲蓉包	×			×	×	

- 从③得知，吃莲蓉包的动物排第三。
- 从②得知，吃奶黄包的动物排第二。
- 最后只余下吃芋蓉包的动物，即排第六。